革命老区赣南区域研究丛书

新时代赣南老区
经济高质量发展研究

黄恩华　周利生◎主　编
张明林　李华旭　江　玲　王　丹　李　娜◎编　著

RESEARCH ON HIGH-QUALITY
DEVELOPMENT OF ECONOMIC OF
GANZHOU IN JIANGXI PROVINCE IN
THE NEW ERA

经济管理出版社
ECONOMY & MANAGEMENT PUBLISHING HOUSE

图书在版编目（CIP）数据

新时代赣南老区经济高质量发展研究/黄恩华，周利生主编；张明林等编著．—北京：经济管理出版社，2022.9

ISBN 978-7-5096-8716-1

Ⅰ.①新… Ⅱ.①黄… ②周… ③张… Ⅲ.①区域经济发展—研究—江西 Ⅳ.①F127.56

中国版本图书馆 CIP 数据核字（2022）第 176474 号

组稿编辑：丁慧敏
责任编辑：吴 倩 杜奕彤
责任印制：张莉琼
责任校对：王淑卿

出版发行：经济管理出版社
　　　　　（北京市海淀区北蜂窝 8 号中雅大厦 A 座 11 层 100038）
网　　址：www.E-mp.com.cn
电　　话：（010）51915602
印　　刷：北京虎彩文化传播有限公司
经　　销：新华书店
开　　本：720mm×1000mm/16
印　　张：11.75
字　　数：216 千字
版　　次：2022 年 9 月第 1 版　2022 年 9 月第 1 次印刷
书　　号：ISBN 978-7-5096-8716-1
定　　价：88.00 元

序

　　高质量发展是 2017 年中国共产党第十九次全国代表大会首次提出的新表述，是以习近平同志为核心的党中央根据我国发展阶段、发展环境、发展条件变化做出的科学判断。2018 年 3 月，国务院总理李克强在 2018 年国务院政府工作报告中提出，"按照高质量发展的要求，统筹推进'五位一体'总体布局和协调推进'四个全面'战略布局"。2020 年 10 月，党的十九届五中全会进一步提出，"十四五"时期经济社会发展要以推动高质量发展为主题，要以习近平新时代中国特色社会主义思想为指导，坚定不移贯彻新发展理念，以深化供给侧结构性改革为主线，坚持质量第一、效益优先，切实转变发展方式，推动质量变革、效率变革、动力变革，使发展成果更好惠及全体人民，不断实现人民对美好生活的向往。2021 年，恰逢"两个一百年"奋斗目标历史交汇之时，习近平总书记在两会上接连强调"高质量发展"，意义重大，推动高质量发展，既是保持经济持续健康发展的必然要求，也是适应我国社会主要矛盾变化和全面建成小康社会、全面建设社会主义现代化国家的必然要求，更是遵循经济规律发展的必然要求。因此，"十四五"时期，我国要准确把握新发展阶段，深入贯彻新发展理念，加快构建新发展格局，推动高质量发展，为全面建设社会主义现代化国家开好局、起好步。

　　长期以来，党中央高度重视革命老区振兴发展。习近平总书记在考察时遍访革命故地、红色热土，反复叮嘱要用好红色资源，要把革命老区发展时刻放在心上。显然，革命老区振兴发展不仅是区域协调的需要、消除贫困的需要，更是回报革命先烈、不忘初心使命的政治需要。赣南老区是全国革命老区的代表性区域，2021 年 2 月《国务院关于新时代支持革命老区振兴发展的意见》出台，明确提出支持赣州等城市建设革命老区高质量发展示范区，支持赣州与粤港澳大湾区共建产业合作试验区，继续支持赣州执行西部大开发政策等。2021 年 7 月，中共中央、国务院发布了《关于新时代推动中部地区高质量发展的意见》，明确了进一步加快落实支持赣南等原中央苏区等革命老区振兴发展、高质量发展的政策措施。"十四五"时期，赣南老区正处于推进高质量发展的战略机遇期，高质量发展是振兴赣南老区的必由之路，为革命老区高质量发展做示范是赣南老区的光荣使命，因此，新时代赣南老区将进一步准确把握赣州发展新的历史方位，增强建设革命老区高质量发展示范区的责任感和使命感，奋力走出一条革命老区高质量发展的新路子。

江西师范大学苏区振兴研究院是全国唯一一家专门从事革命老区振兴发展研究的全国高校百强智库研究院，尤其关注赣南老区的振兴发展和高质量发展。自2012年成立以来，苏区振兴研究院完成了一系列有关革命老区的国家重大课题，先后出版了《苏区研究》丛书、《原中央苏区振兴对策研究》丛书、《苏区振兴智库》丛书、《苏区振兴8周年研究》丛书；向中央、国家部委（办）、省委、省政府提供咨询报告、政策建议60多份，其中50余份获得中央、国家部委（办）、省委、省政府领导批示。作为江西师范大学苏区振兴研究院专家，笔者带领研究团队参与完成《赣南苏区振兴发展报告（2019）》。2018~2020年，在经济管理出版社先后出版了《江西省老区产业振兴发展研究：基于赣州、抚州、吉安调研》《江西省老区公共服务振兴发展研究》《民生发展与改革实践——赣南苏区研究》《革命老区农垦改革与实践——以江西为例》《原中央苏区振兴发展实证研究——以赣南为例》《乡村振兴理论指导下的赣南苏区的实践与探索》《赣南苏区产业振兴发展研究（工业篇）》《赣南苏区产业振兴实证研究（服务业篇）》8部学术著作。笔者在《中国行政管理》《财经研究》杂志上先后发表《国家优先支持革命老区的政策效果及治理启示》《国家优先支持政策促进绿色全要素生产率的效应评估——来自革命老区的经验证据》等多篇有关"革命老区振兴发展"的论文。笔者还多次应邀参加"全国革命老区振兴发展学术高峰论坛"，并作大会主题报告。至此，笔者带领学术团队逐渐构建了一个"革命老区创新知识群"，对"赣南老区"的研究具有扎实的基础和连续性。因此，本书在原有研究的基础上进一步以赣南老区为研究对象，对新时代赣南老区经济高质量发展进行深入研究。

本书共分为3篇13章，具体为理论篇、实证篇和对策篇，其中第一章至第四章为理论篇，全面阐述了新时代我国经济高质量发展的背景、新时代赣南老区高质量发展的重大意义和动力源泉，并构建了经济高质量发展的理论分析框架；第五章至第十章为实证篇，分别对赣南老区经济高质量发展水平进行了测度、评价和比较分析等定量研究，并对赣南老区的创新发展、产业升级、生态治理和乡村振兴进行了实践研究；第十一章至第十三章为对策篇，着重对国家优先支持赣南老区高质量发展举措、新时代赣南老区对接粤港澳大湾区的举措和新时代赣南老区推进高质量发展的举措进行了深入研究。

参与本书的研究者均为笔者指导的博士或硕士研究生，分别为李华旭、江玲、王丹和李娜等。笔者负责设计整体研究框架、指导学生写作、撰写序言和整体把关；李华旭博士负责全书统稿，并撰写第五章、第六章和第十二章，共 4.5 万余字；江玲硕士撰写第七章至第十章，共 4 万余字；王丹硕士撰写第一章、第四章和第十三章，共 4 万余字；李娜硕士撰写第二章、第三章和第十一章，共 4 万余字。如果没有她们的辛勤付出，本书将难以付梓。囿于学识水平和研究资源有限，本书疏漏之处在所难免，敬请广大学界同仁批评指正！

张明林

2021 年 11 月

目　录

理论篇

实证篇

对策篇

理论篇

第一章 新时代我国经济高质量发展背景

第一节 我国经济发展的质量效益

一、经济发展稳定

（一）经济总体增长平稳

2017 年以来，我国经济延续了总体平稳、稳中有进的发展态势，2017～2020 年 GDP 增速分别为 6.9%、6.7%、6.0% 和 2.2%，2020 年我国 GDP 总量首次突破 100 万亿大关，成为世界第二大经济体①。2020 年以来，我国抗击新冠肺炎疫情重大战略成果得到巩固，经济恢复成效明显，经济运行呈稳中加固、稳中向好态势。2021 年上半年国内生产总值 532167 亿元，按可比价格计算，同比增长 12.7%，两年平均增长 5.5%；从实物量指标来看，上半年全社会用电量、货运量同比分别增长 16.2% 和 24.6%，两年平均增长 7.6% 和 7.2%，与经济增长匹配度较好②。

（二）物价稳定

在老百姓最具切身感受的物价方面，2021 年上半年，居民消费价格指数

---

① 国家统计局. 中华人民共和国 2020 年国民经济和社会发展统计公报 [EB/OL]. http：//www.stats. gov. cn/tjsj/zxfb/202102/t20210227_1814154. html，2021-02-28.

② 国家统计局. 国家统计局新闻发言人就 2021 年上半年国民经济运行情况答记者问 [EB/OL]. ht-tp：//www. stats. gov. cn/xxgk/jd/sjjd2020/202107/t20210715_1819506. html，2021-07-15.

（CPI）同比上涨 0.5%，其中城市居民消费价格上涨 0.6%，农村居民消费价格上涨 0.4%，涨幅处于比较低的水平，呈温和上涨的态势，这也说明整个市场供求基本平衡。2021 年上半年工业生产者出厂价格指数（PPI）同比上涨 5.1%①，仍处于高位，这既能够保证工业企业利润保持比较合理的增长速度，也有利于减轻对下游产品的成本传导压力。整体而言，我国物价运行总体稳定，市场供需保持基本平衡，既无通胀压力，也不存在通缩风险，国民经济总体运行较为健康。

（三）人民生活水平不断提高

我国居民收入稳步增加，2021 年上半年，全国居民人均可支配收入 17642 元，与高收入国家差距进一步缩小，全国居民人均可支配收入同比实际增长 12.0%，两年平均增长 5.2%，略低于经济增速但基本同步。按人口常住地划分，城镇居民人均可支配收入 24125 元，同比名义增长 11.4%，实际增长 10.7%；农村居民人均可支配收入 9248 元，同比名义增长 14.6%，实际增长 14.1%。城乡居民人均收入比值比 2020 年同期缩小 0.07，城乡居民比值继续缩小②。我国脱贫攻坚成效显著，2020 年 11 月 23 日，国务院扶贫开发领导小组办公室确定的全国 832 个贫困县全部脱贫摘帽，全国脱贫攻坚目标任务已经完成③。同时，我国进一步提升社会保障和公共服务水平，继续调整退休人员基本养老金，各地持续加大民生保障力度，提高了养老金标准，加强困难群体基本生活保障，及时做好社会救济和临时救助，建立健全职工基本医保门诊共济保障机制，推进实施全民健身设施补短板、社会服务设施兜底线等公共服务工程。

（四）国际收支均衡

我国开放之路十分开阔，2020 年深圳经济特区成立 40 周年，上海浦东开发开放 30 周年，先行先试变成示范引领，激发出我国经济发展的蓬勃动力。在全球经济持续复苏、新冠肺炎疫情反弹的背景下，中国外贸进出口、出口增速创 10 年来同期最高水平，2021 年上半年进出口实现了较快增长，货物进出口总额同比增长 27.1%，同时 2021 年上半年外商及港澳台商投资企业增加值同比增加

---

① 国家统计局.国家统计局新闻发言人就 2021 年上半年国民经济运行情况答记者问［EB/OL］.http：//www.stats.gov.cn/xxgk/jd/sjjd2020/202107/t20210715_1819506.html，2021-07-15.

② 国家统计局.2021 年上半年居民收入和消费支出情况［EB/OL］.http：//www.stats.gov.cn/xxgk/sjfb/zxfb2020/202107/t20210715_1819483.html，2021-07-15.

③ 《党史声音日历》全国 832 个贫困县全部摘帽［EB/OL］.央广网，https：//baijiahao.baidu.com/s？id=1717146452181317845&wfr=spider&for=pc，2021-11-23.

17%，对稳住经济基本盘发挥了重要作用①。2021年是"十四五"规划的开局之年，新一轮对外开放（建设海南自由贸易试验区、加入《区域全面经济伙伴关系协定》、外商投资新模式）以及"一带一路"建设的逐步推进将进一步稳定和激发外部需求，巩固中国在全球产业链、供应链和价值链中的地位，这些都为我国开放发展提供了强大动力。

（五）就业形势总体稳定

就业是经济真正的"晴雨表"，2021年上半年，我国就业形势总体稳定，市场用工需求旺盛，重点群体就业基本稳定，失业率稳中有降。2021年上半年，全国城镇调查失业率平均为5.2%，比2020年同期下降0.6个百分点，比第一季度下降0.2个百分点，低于5.5%左右的预期目标；全国城镇新增就业698万人，完成全年目标任务的63.5%，2021年第二季度末，外出务工农村劳动力1.8亿人，基本恢复到了2019年同期水平②。就业形势的向好印证了中国经济本身是有弹性、有空间的，也表明我们正走在正确的道路上。

二、经济结构升级

党的十九大报告中明确提出，支持传统产业优化升级，加快发展现代服务业，要求"完善促进消费的体制机制，增强消费对经济发展的基础性作用"，"十四五"发展规划及中长期推动产业结构、产品结构转型升级将成为推动新时代经济高质量发展的新型产业动力。高质量需求是高质量发展的重要拉动力量，表现为消费水平不断提升、消费结构优化升级以及现代化进程整体推进。

（一）产业结构持续优化

随着改革持续深入推进，我国经济中不同领域、部门、地区和供需之间的对比关系和结合状态不断调整，经济各部分的有机联系和比例关系持续改善，产业结构与需求结构不断升级。我国产业结构转型迈出新步伐，2020年装备制造业、高技术制造业增加值分别增长6.6%和7.1%，高于全部规模以上工业增加值增速3.8个和4.3个百分点。2013年，我国第三产业增加值超过第二产业增加值，服务业成为推动我国经济增长的主动力。2021年上半年，第三产业增加值占国内生产总值的比重为54.5%，比2020年提高0.2个百分点，同时服务业增加值对经济增长的贡献率达到了53%，比第一季度提高2.1个百分点，服务业继续领跑

---

①② 国家统计局．国家统计局新闻发言人就2021年上半年国民经济运行情况答记者问［EB/OL］．http：//www.stats.gov.cn/xxgk/jd/sjjd2020/202107/t20210715_1819506.html，2021-07-15.

国民经济增长，表明第三产业已成为拉动经济增长的主动力；我国制造业占比得到提升，上半年制造业增加值占国内生产总值的比重为 27.9%，比 2020 年同期提高 1.3 个百分点，推动着我国经济向高质量发展迈进①。

（二）消费升级趋势明显

我国居民收入稳步增加，2021 年上半年，全国居民人均可支配收入 17642 元，同比实际增长 12.0%，除去 2020 年基数小的影响，表现出我国居民收入水平不断提高。我国升级类商品消费较快增长，2021 年上半年限额以上单位体育娱乐用品类、通信器材类、化妆品类的商品零售额两年平均增速都超过了 10%。在 2021 年上半年，海南离岛免税销售额 302.6 亿元，同比增长 2.2 倍，实物商品网上零售额两年平均增长 16.5%，占社会消费品零售总额的比重达到了 23.7%②。2021 年"618"期间，全网商品交易总额高达 5784.8 亿元，相比 2020 年增长了 26.5%，其中直播电商也成为我国新的一波"潮流"，"618"直播战绩达到了 645 亿元③，在政策的扶持下，直播电商市场规模迅速扩大，掀起一波发展直播电商经济的热潮，我国消费活力和潜力进一步迸发，消费升级步伐越发加快。

三、经济质量显著提升

（一）创新动能持续增强

我国科技创新能力不断提升，创新的第一动力持续增强。2021 年，尽管受到新冠肺炎疫情的巨大冲击和严峻复杂的国际形势影响，但新产业、新业态、新商业模式继续保持较快增长。首先，新市场主体实现较快增长。据统计，截至 2021 年 6 月末，我国企业法人单位数首次突破 3000 万个，同比增长了 16.6%。其次，新产业新产品增长较快。2021 年上半年，规模以上高技术制造业增加值两年平均增长 13.2%，比第一季度加快了 0.9 个百分点。从产品来看，2021 年上半年，新能源汽车、工业机器人、集成电路的产量同比都保持了较快增长。最后，我国新业态、新模式也成长壮大。2021 年上半年，实物商品网上零售额两年平均增长 16.5%，占社会消费品零售总额的比重达到 23.7%，2021 年 7 月初

①② 国家统计局. 国家统计局新闻发言人就 2021 年上半年国民经济运行情况答记者问 ［EB/OL］. http：//www.stats.gov.cn/xxgk/jd/sjjd2020/202107/t20210715_1819506.html，2021-07-15.

③ 金融界. 星图数据 2021 年 618 全网销售战报：618 大促期间交易总额 5784.8 亿元 ［EB/OL］. https：//baijiahao.baidu.com/s? id=17029952427173959515&wfr=spider&for=pc，2021-06-19.

全国快递业务量已经突破 500 亿件，接近 2018 年全年水平①。

（二）生态环境显著改善

近年来，我国在绿色发展方面展现出强大决心，"贯彻新发展理念""和谐美丽""生态文明建设"等明确写入国家根本法，碳达峰、碳中和既是我国向世界的一个庄严承诺，也是高质量发展的必然要求，是现代化进程的必由之路。2021 年上半年，我国生态环境保护各项重点工作扎实推进，全国生态环境质量持续改善。一是环境空气质量稳中向好，全国细颗粒物（PM2.5）平均浓度为 34 微克/立方米，同比下降 2.9%，臭氧浓度为 138 微克/立方米，同比下降 2.1%，全国优良天数比例为 84.3%，这些指标显示出我国环境质量呈逐年改善态势。二是水环境质量持续向好，全国Ⅰ~Ⅲ类水质断面比例为 81.7%，同比上升 1.1 个百分点，劣Ⅴ类水质断面比例为 1.9%，同比下降 0.7 个百分点②。三是全国土壤环境、自然生态状况总体稳定，辐射环境质量状况良好，全国城市声环境质量达标率同比上升，生态环境风险得到有效管控。

（三）质量效益总体提升

我国经济质量效益不断提升。一是企业盈利增多，2021 年 1~6 月我国规模以上工业企业利润总额同比增长 66.9%，两年平均增长 20.6%，营业收入利润率达到 7.11%，同比提高了 1.66 个百分点，2021 年 1~5 月规模以上服务业企业利润总额同比增长 1.5 倍。二是财政收入继续增加，2021 年 1~6 月全国一般公共预算收入同比增长 21.8%。三是产能利用率上升，2021 年第二季度全国工业产能利用率为 78.4%，比 2020 年同期提高 4 个百分点，比第一季度提高了 1.2 个百分点③。

第二节　我国经济高质量发展面临的挑战与机遇

我国经济在快速发展的同时，仍然面临着环境污染严重、城乡发展不平衡、缺乏核心技术与创新等问题。经济总量大而不强，发展质量不高，是我国经济建

---

①③　国家统计局. 国家统计局新闻发言人就 2021 年上半年国民经济运行情况答记者问［EB/OL］. http：//www.stats.gov.cn/xxgk/jd/sjjd2020/202107/t20210715_1819506.html，2021-07-15.

②　全文实录｜生态环境部召开 7 月例行新闻发布会［EB/OL］. 澎湃新闻，https：//m.thepaper.cn/baijiahao_13751403，2021-07-26.

设面临的难题，制约着我国经济高质量发展的进程。

一、经济高质量发展面临的主要挑战

（一）区域发展不平衡

区域和城乡发展不平衡一直是我国面临的问题。东西部发展差距大，总体上看，随着推动西部大开发形成新格局，推动东北振兴取得新突破，促进中部地区加快崛起，鼓励东部地区加快推进现代化，推进京津冀协同发展、长江经济带发展、粤港澳大湾区建设、长三角一体化发展等一系列区域协调发展重大决策部署的陆续实施，各地居民生活水平不断改善，区域协调发展呈现良好局面，基础设施建设、社会保障都在稳步推进与提升。但在实际发展过程中，受市场机制作用以及某些政策效应的影响，我国经济资源的配置仍倾斜于东部沿海发达地区，与其相比，中部尤其是西部地区的经济社会发展水平还存在不小差距。同时，城乡差异依然存在，城乡之间在收入、医疗、教育、就业、卫生、基础设施等方面仍存在较为明显的差距，收入分配差距和经济增长存在显著的负相关关系，按我国目前的经济增长水平，比照国际标准，贫富差距的确较大，这已成为社会关注的重点问题，社会整体的贫富差距还有待进一步缩小。

（二）生态环境污染严重

总体上看，我国生态环境保护仍滞后于经济社会发展，是"五位一体"总体布局中的短板，也是广大人民群众关注的焦点问题。近几年，国家采取了一系列有效举措，使我国生态环境保护工作取得了举世瞩目的成绩，但依然存在许多亟待解决的问题，我国生态环境呈现局部改善、总体恶化，治理能力远远赶不上破坏速度，生态赤字逐渐扩大的趋势。当前，一些经济发展较快、工业化水平较高、人口密度较大的地区，生态环境被破坏问题加深，具体表现为能源利用率和矿产资源利用率低、过度开采导致自然资源极度浪费、治污水平和治理能力较低等。同时，以城市为中心的污染问题有向农村大幅度蔓延的倾向。生态环境被破坏和被污染问题已经成为制约我国社会发展、经济发展、文化发展和生态文明发展的重要因素，成为中国可持续发展不可回避的问题。

（三）缺乏核心技术

党的十八大以来，国家高度重视科技创新工作，通过全社会的不懈努力，我国科技事业已经取得了历史性成就。虽然我国科技实力在稳步提升，但技术创新能力与发达国家仍存在一定差距。农业方面，我国虽是农业大国，但自主创新种植能力较弱，农产品种植和加工技术相对落后，导致农业资源浪费。工业方面，我国虽然在某些科学领域具有优势，比如从载人航天、载人深潜到大型飞机、北斗卫星导航，一批重大关键技术装备制造取得了巨大的成就，并形成了若干具有国际竞争力的优势产业和骨干企业，但一些关键核心技术受制于人，部分关键元器件、零部件、原材料依赖进口。例如，美国全面限制华为的芯片供应，给华为带来了巨大冲击，造成华为手机业务受阻，未来我国要更注重培育自己的技术竞争优势，摆脱对外依赖。能源资源方面，我国是石油消耗大国，石油资源占有率低，当前石油对外依存度达到70%以上，油气勘探开发、基础设施与世界尖端存在很大差距，同时我国新能源技术发展不足，目前仍是套用国外核心技术，无自主产权。社会方面，我国人口老龄化程度不断加深，人民对健康生活的需求不断提升，生物医药、医疗设备等领域科技发展滞后问题日益凸显。

（四）人口老龄化程度加深

2020 年第七次全国人口普查结果显示，过去 10 年中国人口增长了 5.38%，达到 14.1 亿，表明我国人口 10 年来继续保持低速增长态势[①]。由于生活成本的上升和社会习俗的改变，我国生育率有所下降，2020 年只有 1200 万名婴儿出生，达到 1961 年以来最低水平[②]，并且由于年轻人和工作年龄人口数量的下降，预计将出现人口负增长，这将给长期以人口红利为基础的经济增长带来很大问题。当前我国人口转型面临的主要矛盾已由人口膨胀转变为人口红利即将消失及渐行渐近的老龄化和少子化危机，对中国来说，进入人口零增长甚至负增长的时代是"百年未有之大变化"，这将影响其高质量劳动力的供应和消费者的需求，人口老龄化将增加养老金和医疗保障的财政负担，也会压低家庭储蓄率，这两方面因素都将制约政府延续近几十年来投资驱动的增长模式的能力。

（五）产业转型升级受制约

产业转型升级是经济高质量发展的重点，当前我国产业结构转型升级、动力转换面临制造业处于全球价值链中低端、服务业整体竞争力不强、生产要素成本持续上升等因素制约。一是制造业处于全球价值链中低端。当前，我国制造业发展不平衡不充分问题凸显，一方面自改革开放以来，得益于我国巨大的廉价劳动力供给，我国经济快速增长，迅速发展成为举世瞩目的经济大国，经济总量位居世界前列；另一方面经济总量大而不强一直是我国的难题，与美国、日本等制

①　第七次全国人口普查结果发布我国人口 10 年来继续保持低速增长态势［EB/OL］. 央广网，https：//baijiahao. baidu. com/s？ id=1699513593683757062&wfr=spider&for=pc，2021-05-12.

②　2020 年新生人口骤跌至 1200 万，创历史新低，提高国民生育水平刻不容缓［EB/OL］. 搜狐网，https：//www. sohu. com/a/466026285_609286，2021-05-12.

造业强国相比，我国制造业总体处于全球产业链的前端、价值链的中低端，高新技术产业、高端装备制造业、战略性新兴产业发展相对较慢，产业层次水平较低和产品技术含量不高制约着产业转型升级。二是服务业整体竞争力不强。虽然我国第三产业增加值超过第二产业增加值，服务业成为推动我国经济增长的主动力，但我国服务业整体竞争力不强。三是经济发展成本持续上升抑制了产业竞争力提升。耕地保护和城镇化与工业化对土地的需求不断扩张，使经济发展成本不断上升，与此同时，人口老龄化时代的加速来临、《中华人民共和国劳动合同法》的实施和相应社保机制的不断完善，使劳动力成本攀升，既往低廉价劳动力、低土地成本的比较优势减弱，经济发展过程"干中学"的边际效用下降，经济结构调整和转型升级压力加大，我国面临陷入"中等收入陷阱"的风险。

二、经济高质量发展的机遇

（一）强大的消费动能

中国作为一个大国经济体，经济增长内生动力必然主要源于消费，中国居民消费意愿强烈，未来潜在消费市场规模巨大，强大的消费动能成为经济增长的主要拉动力，能有效增强中国经济的韧性，成为中国经济增长的坚实保障。我国有超大规模的市场优势，拥有近 14 亿人口的巨大消费群体，居世界第一，中等收入群体 4 亿多人，数量居世界第一，且仍在持续增长，其具备较高的消费能力与较强烈的消费意愿。随着中等收入群体规模的扩大和人民生活水平的不断提高，未来消费市场增长动力强劲，享受型消费快速增长，旅游、文化、健康、养老等新兴消费快速发展，正成为我国经济增长的新动力，我国潜在的巨大市场也为世界经济发展带来新机遇。2020 年我国最终消费支出已经超过 55 万亿元①，消费潜力仍在持续释放，同时居民收入和消费不断升级，从 2019 年到 2020 年，我国人均国内生产总值连续两年超过 1 万美元，稳居中等偏上收入国家行列②，2020 年全国居民人均可支配收入 32189 元，比 2019 年名义增长 4.7%，扣除价格因素，实际增长 2.1%③，消费结构向发展型、享受型、品质型加快转变，这是大

---

① 消费仍将是拉动经济增长的第一动力［EB/OL］. 搜狐网，http：//news. sohu. com/a/446605176_99962390，2021-01-25.

② 百万亿元量级经济体驶向更美好未来［EB/OL］. 光明网，https：//m. gmw. cn/baijia/2021-04/07/1302214613. html，2021-04-07.

③ 国家统计局. 中华人民共和国 2020 年国民经济和社会发展统计公报［EB/OL］. http：//www. stats. gov. cn/xxgk/sjfb/zxfb2020/202202/t20220228_1827971. html，2021-02-28.

国经济发展的规律。近年来,我国消费扩容提质的基础不断夯实,新业态、新模式加速创新、线上线下同频共振、融合发展,充分释放内需潜力,必将推动我国经济逐步形成以国内大循环为主体、国内国际双循环相互促进的新发展格局。

(二) 经济基础强大

改革开放 40 多年来,我国经济实力、综合国力大幅提升,人民生活水平显著改善,国际地位空前提高,经济总量跃居世界第二,从一个积贫积弱的低收入国家跃升为中等偏上收入国家,国民经济持续快速增长,经济总量连上新台阶。作为世界第二大经济体,制造业、货物贸易和外汇储备等第一大国,我国正从高速增长向高质量发展转变,从经济大国向经济强国迈进,在世界经济中重要性显著上升。1952～2020 年,我国国内生产总值从 679.1 亿元跃升至 101.4 万亿元,实现巨大跨越,国内生产总值占世界经济比重超过 17%,稳居世界第二①。2020 年在全球疫情常态化的情况下,中国是全球唯一实现经济正增长的主要经济体,成为推动全球经济复苏的主要力量,中国已经成为全球经济的重要引擎。与此同时,中国对世界经济增长的平均贡献率超过 30%,居世界第一位,可以说是全球经济增长的 "火车头"②。在全球经济层面,中国经济扮演了至关重要的角色。在国际舞台上,中国发挥的作用越来越关键。

(三) 创新发展保障

创新是中国实体经济持续发展的唯一出路,也是向制造业强国迈进的必由之路。1949 年以来,我国从向科学进军到科学的春天,从科教兴国战略到创新驱动发展战略,从创新型国家到世界科技强国,从科学技术是第一生产力到以科技创新为核心的全面创新再到创新发展新理念,中国科技成就举世瞩目,如今我国已成为具有重要影响力的科技大国,基础研究和前沿技术创新能力显著增强,前沿技术领域突破了一批核心技术,与世界先进水平差距不断缩小。非线性光学晶体、量子信息通信、超强超短激光、高温超导等前沿技术研究居世界领先水平,涌现了载人航天、超级杂交水稻、高性能计算机等一批自主创新重大成果,同时科技创新带来的各种新技术、新产品、新应用,也见证着我们生产生活方式的改变。网上购物、直播带货这些新业态、新模式持续火热,在线办公、远程问诊、在线教育等新兴需求旺盛,5G 建设、轨道交通这些新基建、新消费的带动作用

---

① 中国的全面小康 [EB/OL]. 国际在线, https://baijiahao.baidu.com/s? id=1712110042218012004&wfr=spider&for=pc, 2021-09-28.

② 外交部:中国近年来对世界经济增长的贡献率超过 30% [EB/OL]. 北京商报, https://baijiahao.baidu.com/s? id=1673382275779204724&wfr=spider&for=pc, 2020-07-27.

也在增强，中国以一系列创新成就实现了历史性飞跃。我国科技投入规模和强度持续提高，2020年中国研究与试验发展（R&D）经费支出24426亿元，同比增长10.3%①。习近平总书记指出，创新是第一动力，中国如果不走创新驱动道路，新旧动能就不能顺利转换，也不可能真正强大起来，只会是大而不强，而过去几十年的创新战略已让中国在科技创新水平上走在世界前列，因此，要坚持以创新引领发展、加快创新型国家建设，为实现经济高质量发展提供动力保障。

（四）坚实制度保障

制度是人类社会活动的规范体系，是上层建筑的重要组成部分，不同国家由于社会生产力状况、历史条件不同，制度建设的道路也不同。中国特色社会主义制度是党和人民在长期实践探索中形成的科学制度体系，我国的一切工作和活动都依照中国特色社会主义制度展开，我国国家治理体系和治理能力是中国特色社会主义制度及其执行能力的集中体现。习近平同志指出，我国今天的国家治理体系，是在我国历史传承、文化传统、经济社会发展的基础上长期发展、渐进改进、内生性演化的结果。这体现了我们党对国家制度和国家治理体系形成和发展规律的深刻把握。党的十九大以来，我国经济实力连上台阶，经济结构不断优化，经济更具活力和韧性，发展质量显著提升。2020年面对国内外复杂多变的经济环境和新冠肺炎疫情的严重冲击，在以习近平同志为核心的党中央领导下，我国成为全球唯一实现经济正增长的主要经济体，外贸进出口明显好于预期，外贸规模再创历史新高，取得了举世瞩目的发展成就。我国国家制度和国家治理体系的显著优势，是我们党领导人民创造经济快速发展和社会长期稳定"两大奇迹"的根本保障。我国以公有制为主体、多种所有制经济共同发展，按劳分配为主体、多种分配方式并存，社会主义市场经济体制等社会主义基本经济制度，既体现了社会主义制度的优越性，又同我国社会主义初级阶段社会生产力发展水平相适应，是党和人民的伟大创造。时代在不断进步、实践在不断深入、人民群众对美好生活的需要在不断增长，面对国家治理的新任务新要求，中国特色社会主义制度和国家治理体系展现出强大的自我完善和发展能力。

---

① 国家统计局. 中华人民共和国2020年国民经济和社会发展统计公报［EB/OL］. http：//www. stats. gov. cn/xxgk/sjfb/zxfb2020/202102/t20210228_1814159. html，2021-02-28.

第三节 我国经济高质量发展的实践路径

从经济学基本理论和经验事实看，推动经济高质量发展，要着力推动经济发展质量变革、效率变革、动力变革，增强经济竞争力、创新力、抗风险能力，其中质量变革是主体、效率变革是主线、动力变革是基础，三者相互依托，是有机联系的整体。

一、质量变革

党的十九大报告明确提出，把提高供给体系质量作为主攻方向，显著增强我国经济质量优势。提高供给体系质量，就是要推动理念、目标、制度以及具体领域工作细节的全方位变革，是一个系统工程，应从要素投入质量、中间品投入质量和最终产出质量三个环节着手推动质量变革。

（一）提升要素投入质量

要素投入质量直接影响到中间品投入质量和最终产出的质量。从劳动力资本看，我国要加快推进人才强国战略，建立健全培养、引进、激励高技能人才的工作体系和政策体系，努力建设一支与产业发展和创新需求相适应的高技能人才队伍。从基础设施来看，配备高质量的厂房和机器设备，其产出质量也会有明显提高。推动科技发展向质量型转变，要持续积累更多高水平的技术设备和基础设施，从而全面提升基础支撑体系质量。从技术水平来看，采用更高水平的科学技术和工艺也有助于提升产出质量，要素质量的提升对经济发展的贡献日益显著，要素质量提高对生产率提高也有溢出效应，因此需要建立支撑经济高质量发展的技术创新体系，加快实现关键共性技术、前沿引领技术、现代工程技术和颠覆性技术的创新突破。

（二）提升中间品投入质量

现代产业体系的构成不是独立的，而是产业链条健全、专业协作机制完善、竞争力强劲的产业集群，关键环节的中间品投入质量可以直接决定最终能否产出和产出的质量问题，提升中间品投入质量是提升供给体系质量的关键，这就要求构建起中高端的产业结构，并形成有效的产业间协同配套体系。主导产业生产技术先进，增长率高，产业关联度强，对其他产业和整个区域的经济发展有较强的带动作用。因此，需要着力推动产业结构升级换代，加快构建战略性新兴高新产业体系，把新兴高新产业加快培育成为先导产业和支柱产业；加快发展先进制造业，推动互联网、大数据、人工智能和实体经济深度融合，加快建设制造强国；以服务业产业集聚平台为载体，引导社会投资向第三产业倾斜，发展金融、现代物流、研究与开发等生产性服务业和医疗卫生、社区服务、文化休闲等消费性服务业；以农业产业集聚平台为载体，加快土地流转，延伸农产品生产和加工链条，提高土地产出效益，深化农业供给侧结构性改革，加快推进农业现代化，构建现代农业产业体系、生产体系、经营体系。

（三）提升最终产出质量

产业发展的最终目的是改善人民群众的生活条件，提高生活水平，产品和服务质量高是供给体系质量高的核心和落脚点，关系到满足人民日益增长的美好生活需要，也关系到一个国家的产品国际竞争力。建设强大的国内市场，努力满足社会的最终需求，助推经济平稳发展，是党中央、国务院综合研判国内、国际经济形势作出的重大决策。当前人们的消费观念水平在不断提升，企业也要顺应消费升级需求，提供更高质量的产品和服务，而有效供给最根本的一点在于要有质优价廉、适销对路甚至能够引领市场消费潮流的产品，只有同步提高供给体系的质量和效率，才能更好地适应经济发展的新常态，推动经济可持续、高质量和稳定地增长。另外，企业要加大科技创新力度，瞄准社会多样化需求，对接市场发展方向，把有限的生产要素精准地投入到创新创造中，发展新产业，开发新产品，升级产品功能，带动产业转型升级，促进消费的扩大和升级。政府也需要完善市场监管法律制度，推动支持特定行业的选择性和特惠式政策，促使企业诚信经营、公平竞争，最大限度地激发市场主体的创新创造活力，形成有利于新产品新服务涌现的政策环境。

二、效率变革

提高产出效率是经济学的永恒主题。当前，经济增长中的低效率问题仍然比较突出，这成为我国经济发展质量不高的重要表现。推动效率变革的重点是提高全要素生产率，而提高全要素生产率，就要大力推进效率变革，不断提升技术效率和要素配置效率。

（一）提升技术效率

技术效率是指在生产技术和市场价格不变的条件下，按照既定的要素投入比例，生产一定量的产品所需的最小成本与实际成本的百分比，它反映了厂商在投入给定的情况下产出最大化的能力。推动技术效率提高，持续增大全要素生产率对经济增长的贡献，是打破资源环境约束的重要途径，也是保持经济长期可持续增长的重要动力。提高技术效率，需要推动经济增长由依靠一般要素转向依靠高质量要素，由依靠要素投入转向依靠创新和效率提高，摆脱对资源能源、环境等要素投入的过度依赖，转到更多依靠人才、技术、知识、信息等高级要素的轨道上，同时需要深入实施创新驱动发展战略，完善以企业为主体、市场为导向、产学研深度融合的技术创新体系，加快攻克一批关键核心技术，促进更多的智力成果转化为技术成果、更多的技术成果转化为产业成果，提高科技进步对经济增长的贡献率。

（二）持续改善关键要素的投入产出效率

大力破除无效供给，进一步化解过剩产能、清理"僵尸企业"，盘活存量资本、提高资本配置效率，推动传统产业优化升级，大力降低实体经济成本，降低制度性交易成本，继续清理涉企收费，加大对乱收费的查处和整治力度。同时深入推进土地、户籍和金融等领域改革，加快建立城乡统一的建设用地市场，探索建立多元化金融机构体系，健全多层次资本市场体系，消除对要素市场的行政管制和不合理限制，推动生产要素由低生产率部门向高生产率部门转移，推动要素在更多市场主体之间、更大范围内合理流动和整合优化，为提高人力、资本、土地、能源等关键要素配置效率创造良好环境。此外，影响要素配置效率的其他因素包括制度、管理方式等，良好的制度与高水平的管理也能为要素供给和使用效率的提高提供有效的激励，从而提升全要素生产率。

三、动力变革

动力变革既是高质量发展的关键，也是实现质量变革、效率变革的前提条件。其中，科技创新和体制改革是两大核心引擎。一方面，要强化科技创新，推动创新激励，创造可替代要素、改变要素组合方式、提高经济效率，推动传统产业优化升级，培育一批具有创新能力的企业，破解或缓解资源环境约束，实现可持续发展。另一方面，要落实产权保护政策，全面实施并不断完善市场准入负面清单制度，破除歧视性限制和各种隐性障碍。

（一）依靠科技创新

习近平总书记指出："之所以要把科技创新摆在这样突出的位置上，是因为这是加快转变经济发展方式、破解经济发展深层次矛盾和问题、增强经济发展内生动力和活力的根本措施。"如果没有技术创新，随着资源稀缺性上升和要素报酬递减规律发挥作用，经济发展将陷入停顿，而技术创新可以扩大可利用的资源范围，打破资源瓶颈约束，从而提高资源和要素的使用效率，以更少的投入创造更大的产出。因此，加快技术创新，一是需要持续加大科技创新投入力度。财政具有促进资源合理配置的作用，增加财政中的科技投入可以为科技创新提供物质保障。我国实行以按劳分配为主体、多种分配方式并存的分配制度，完善科技奖励制度和激励机制可以调动科技工作者的积极性和创新性。二是加强科技创新人才队伍建设。实现高质量发展必须把自主创新作为第一动力，以人才强国为第一资源，加快建设创新型国家，大力培养和引进一批高层次创新型尖端人才、高技能人才及重点产业和战略性新兴产业领军人才等，激发科技创新人才队伍活力。三是加快科技创新环境建设。打造科技金融生态圈，培育多元化的风险投资主体和中介服务机构，形成覆盖创业企业成长阶段的多种风险资本链条。

（二）依靠制度改革

制度改革是我国坚持社会主义道路的重要保证，其是指克服现有体制中的弊端，使各种体制适应社会主义现代化建设的需要，包括经济体制改革、政治体制改革、科技体制改革、文化体制改革等。制度变迁影响经济发展的各个维度，合理的制度安排能不断提高该国或该地区的经济发展质量与效率，提高全要素生产率，更好地推动经济高质量发展。因此要通过体制优化来不断增强效率提高的内生动力，要以完善产权制度和要素市场化配置为重点推进经济体制改革，深化要素市场改革，推进土地制度改革、国企改革、财税体制改革、金融体制改革和政府管理体制改革等，进一步放宽市场准入、拓展融资渠道、改善营商环境、强化权益保障，稳定民营企业市场预期和投资信心，抓紧解决产权保护方面存在的突出问题，加快建立产权保护长效机制。当前和今后一个时期，我们要在深化体制机制改革上下更多功夫，激发各类经济主体的活力和创造力，推动经济实现更高质量、更有效率、更加公平和更可持续的发展。

参考文献

［1］范庆泉，储成君，高佳宁．环境规制、产业结构升级对经济高质量发展的影响［J］．中国人口·资源与环境，2020，30（6）：84-94.

［2］杨琨，杨伟．"网络直播+"：移动互联网影响下的品牌营销新模式［J］．出版广角，2017（10）：65-67.

［3］刘梦，胡汉辉．如何让绿水青山成为金山银山——基于碳排放对高质量

发展作用的经验证据［J］．云南财经大学学报，2020，36（4）：19-35.

［4］晏世琦．完善我国区域政策框架体系［J］．宏观经济管理，2021（3）：18-23，29.

［5］王育宝，陆扬，王玮华．经济高质量发展与生态环境保护协调耦合研究新进展［J］．北京工业大学学报（社会科学版），2019，19（5）：84-94.

［6］Zafar Ayaz，Sani Sana Ullah，Majeed Muhammad，et al. Environmental pollution in Asian economies：Does the industrialisation matter？［J］．OPEC Energy Review，2020，44（3）：227-248.

［7］Wu Ya，Tam Vivian W. Y.，ChenYang Shuai，et al. Decoupling China's economic growth from carbon emissions：Empirical studies from 30 Chinese provinces（2001-2015）［J］．Science of the Total Environment，2019（656）：576-588.

［8］王文军，赵黛青，陈勇．我国低碳技术的现状、问题与发展模式研究［J］．中国软科学，2011（12）：84-91.

［9］符建华，曹晓晨．人口老龄化对中国经济高质量发展的影响研究［J］．经济问题探索，2021（6）：44-55.

［10］魏熙晔，龚刚，李梦雨．收入分配、产业升级与中等收入陷阱［J］．浙江社会科学，2019（10）：62-74.

［11］陈冲，吴炜聪．消费结构升级与经济高质量发展：驱动机理与实证检验［J］．上海经济研究，2019（6）：59-71.

［12］刘思明，张世瑾，朱惠东．国家创新驱动力测度及其经济高质量发展效应研究［J］．数量经济技术经济研究，2019（4）：3-23.

第二章　新时代赣南老区高质量发展的重大意义

革命老区是党和人民军队的根，是中国人民选择中国共产党的历史见证。抓好革命老区振兴发展，让老区人民逐步过上富裕幸福的生活，具有特殊的政治意义。习近平总书记多次强调，饮水思源，勿忘老区。在新发展阶段，同样要注重推进革命老区经济高质量发展。2019 年 5 月，习近平总书记在赣南老区考察时，要求赣南老区"在加快革命老区高质量发展上作示范"。推动赣南老区经济高质量发展，既是一项重大的政治任务，又是一项重大的经济任务，对于全国革命老区加快高质量发展具有标志性意义和示范作用，有利于化解社会主要矛盾、更好地满足老区人民的美好生活需要，推动经济持续健康发展。

第一节　高质量发展是新时代中国经济发展的主旋律

党的十九大报告提出了中国特色社会主义进入新时代的重要论断，明确指出："我国社会主要矛盾已经转化为人民日益增长的美好生活需要和不平衡不充分的发展之间的矛盾。"其基本特征就是我国经济已由高速增长阶段转向高质量发展阶段，这是我国经济在 30 多年高速增长之后突破结构性矛盾和资源环境瓶颈，实现更高质量、更有效率、更加公平、更可持续发展的必然选择，是新时代中国经济发展的主旋律。

一、高质量发展是我国经济发展进入新时代的客观要求

我国经济发展进入新时代的实质是，经过改革开放 40 多年的不懈努力，我

国经济规模快速增长，已进入由大向强转变的历史新阶段。在 20 世纪改革开放的初始阶段，作为世界第一人口大国，我国经济总量仅排在世界第十一位。如今，我国经济总量已经稳居世界第二位[①]。党的十八大以来，我国经济发展迈入由大向强转变的新阶段，进入全面建成小康社会决胜期，并将在全面建成小康社会的基础上，乘势而上开启全面建设社会主义现代化国家新征程。社会主义现代化国家的经济基础是社会生产能力的明显提升，核心是经济发展的高质量。

（一）强调从"高速度"到"高质量"的转变

党的十九大报告指出，"必须认识到，我国社会主要矛盾的变化是关系全局的历史性变化，对党和国家工作提出了许多新要求。我们要在继续推动发展的基础上，着力解决好发展不平衡不充分问题，大力提升发展质量和效益，更好满足人民在经济、政治、文化、社会、生态等方面日益增长的需要"。这意味着今后经济发展的主要任务已从速度向质量转变，"质量"成为经济发展的运行基础和内在要求，要提升产出和分配的质量，实现经济健康持续发展。要具有良好的产出质量，不断提供更新、更好的产品和服务，来满足人民日益增长的美好生活需要；还要关注分配的质量，促使各种生产要素有序参与分配，缩小收入分配差距。"效益"则是经济发展的重要条件与核心目标，要提高投入产出的效率，实现国民经济整体效益的提升。优化要素配置的结构，从而使存量要素和资源要素配置到生产效率较高但保障能力却相对不足的领域，以不断提高劳动、资本、土地、资源、环境等要素的投入产出效率和微观主体的经济效益。

（二）重视公共产品供给质量的提升

党和国家科学认识和把握新时代的阶段特征，明确指出社会主要矛盾已转变为人民日益增长的美好生活需要和不平衡不充分的发展之间的矛盾，主要矛盾的新变化，对满足人民美好生活需要的公共产品提出了新要求，从追求基本的衣食住行到追求人的全面发展，人们期待更好的教育、更可靠的社会保障、更高水平的医疗、更舒适的居住条件、更丰富的精神文化生活等。今后的经济工作要不断提高优质公共资源的供给，如环保、医疗、教育等优质产品供给，让改革发展成果更多更公平地惠及全体人民，实现人们对美好生活的向往。

（三）突出从增长到发展的变化

党的十九大报告还指出，我国社会主要矛盾的变化，没有改变我国社会主义

---

① 深入理解我国经济转向高质量发展［EB/OL］. 新华网，https：//baijiahao. baidu. com/s?id = 160 2617579445243251&wfr=spider&for=pc，2018-06-07.

所处的历史阶段，这一时期呈现的发展阶段性特征是我国在社会主义初级阶段这一大背景下的新特征、新状态、新模式。同时，我国和西方发达国家相比，一些领域的生产力水平仍然相对落后甚至差距还比较大，相对人民日益增长的美好生活需要，社会供给方面还有许多差距。因此，必须继续解放和发展生产力，在发展中解决问题，通过发展解决问题。这就意味着今后的经济工作要综合提升经济规模的"量"和"质"，不仅包括经济增长的数量，还包括经济增长的质量和效益的提高以及制度与意识的相应调整；不仅要重视量的增长，更要重视结构的优化；不仅要重视发展方式，更要重视经济结构和社会结构及结构之间的协调性，也就是更加强调经济、政治、社会、文化、生态五位一体的全面发展和进步。

二、高质量发展是做好当前经济工作的必然要求

2021年是"十四五"开局之年，是我国现代化建设进程中具有特殊重要性的一年，做好全年经济工作意义重大。2021年以来，在以习近平同志为核心的党中央的坚强领导下，统筹国内国际两个大局、统筹疫情防控和经济社会发展，有效实施宏观政策，经济持续稳定恢复、稳中向好，科技自立自强积极推进，改革开放力度加大，民生得到有效保障，高质量发展取得新成效，社会大局保持稳定，为实现全年目标打下了坚实基础。

坚持不懈推动高质量发展，要深刻认识到，高质量发展是"十四五"乃至更长时期我国经济社会发展的主题，关系我国社会主义现代化建设全局。高质量发展不只是一个经济要求，而是对经济社会发展方方面面的总要求；不是只对经济发达地区的要求，而是所有地区发展都必须贯彻的要求；不是一时一事的要求，而是必须长期坚持的要求。要做好宏观政策跨周期调节，统筹做好宏观政策衔接，保持经济运行在合理区间。要用好稳增长压力较小的窗口期，推动经济稳中向好，凝神聚力深化供给侧结构性改革，打通国内大循环、国内国际双循环堵点，为"十四五"时期我国经济发展提供持续动力。要挖掘国内市场潜力，强化科技创新和产业链供应链韧性，坚持高水平开放，统筹有序做好碳达峰、碳中和工作，防范化解重点领域风险，做好民生保障和安全生产。要加强防灾减灾和应急体系建设，妥善安置好受灾群众，做好灾后恢复重建工作。

站在新的历史起点上，向第二个百年奋斗目标进军的号角已经吹响，我们只要更加紧密地团结在以习近平同志为核心的党中央周围，认真贯彻落实中央政治局会议精神，坚持稳中求进工作总基调，完整、准确、全面贯彻新发展理念，把高质量发展同满足人民美好生活需要紧密结合起来，稳扎稳打、真抓实干，就能推动高质量发展取得新成绩，确保实现"十四五"良好开局。

第二节 赣南老区高质量发展是贯彻新发展理念的根本体现

发展理念是否对头，从根本上决定着发展成效乃至成败。党的十八大以来，以习近平同志为核心的党中央直面我国经济发展的深层次矛盾和问题，提出创新、协调、绿色、开放、共享的新发展理念。只有贯彻新发展理念才能增强发展动力，推动高质量发展。高质量发展在本质上是体现新发展理念的发展，是创新成为第一动力、协调成为内生特点、绿色成为普遍形态、开放成为必由之路、共享成为根本目的的发展。习近平总书记在赣南考察时指出，发展理念不是固定不变的，发展环境和条件变了，发展理念就自然要随之而变。回顾党的历史，正是一次次思想的解放和理念的更新，使我们党在紧要关口扭转乾坤、继续前进，开辟出新的天地。党的十八届三中全会吹响了全面深化改革的号角，中央关于全面深化改革的重大决策恰逢其时，深得人心。面对经济发展新常态，要对传统发展路径进行调整和革新，建立新认识、开拓新视野、寻找新思路。党的十八届五中全会提出的新发展理念，是针对我国经济发展进入新常态、世界经济复苏低迷开出的药方，是顺应我国发展阶段性变化做出的重大抉择，是赣南老区高质量发展的动力源泉。

一、高质量发展必须改革创新

改革激发活力、创新驱动未来。经济的发展必须顺应时代变化，打破"三高"换速度模式，通过"破、立、降"勇于革新，加快经济由速度向质量转变。

（一）科技创新是提升经济综合发展实力的重要手段

近年来，赣南老区牢固树立新发展理念，大力实施创新驱动发展战略，制定出台了十多个政策文件，量身定制强有力的措施，推动创新服务成链条、成体系，利用科技与创新力量，加快科技创新步伐，以安全、清洁、高效、低碳为导向，推动传统产业转型升级，提速创新型赣南建设步伐。一批关键核心技术取得突破，在新能源汽车、移动通信、新型显示、生物制药、现代农业等领域取得了积极进展。同时，围绕建设创新型城市和区域性科研创新中心，赣南老区在科技协同创新、完善市级科技计划项目执行、培育高新技术企业和科技型中小企业、提升全社会研发投入、推动区域科技创新发展等方面不断发力，逐步构建符合赣南实际的创新政策体系。

此外，科技人才队伍建设为高质量发展提供支撑。近年来，赣南老区认真贯彻习近平总书记"发展是第一要务、人才是第一资源、创新是第一动力"的重要思想，加快补齐人才短板，系统解决人才瓶颈问题，积极做好"引""聚""留"文章。

为贯彻落实《国务院关于新时代支持革命老区振兴发展的意见》（国发〔2021〕3号）、《江西省人民政府办公厅关于加快技工教育发展加强技能人才队伍建设的若干意见》（赣府厅发〔2020〕21号），赣州市政府就加强市技能人才队伍建设，印发《关于加快技工教育发展加强技能人才队伍建设的实施意见》，着力激发人才发展活力，大规模开展职业技能培训，扶持技能人才创新创业；大力实施"赣州技工"五项工程，加强人才培训；优化技能人才成长环境，提升技能人才待遇。

（二）制度创新增强高质量发展的保障

实现高质量发展的关键是创新，核心是制度创新。唯有深化改革，全面推进制度创新，才能真正将新发展理念落到实处、落到关键处，实现创新发展、持续发展、领先发展。2020年底，赣州市印发《深化体制机制综合改革试点方案》，以体制机制改革为突破口，大力推行人事和薪酬制度改革、"一枚印章管审批"改革、"管委会+平台公司"改革和"开发区+主题产业园"改革，持续解放思想，充分运用改革思维，不断打通淤点堵点。

其中，"管委会+平台公司"改革搭建最优体系。赣南老区以"绩效制"瘦体强身、激发活力，以"园区服务综合运营、建筑全产业链"为主业、聚焦发展，积极贯彻落实"管委会+平台公司"开发运营机制，形成了推动高质量发展的制度框架和政策体系；构建"1+2"国有平台公司组织架构，赣州建控集团、工发集团等公司走上实体化营运轨道；充分利用国有企业信用优势，聚焦市场化平台业务的开展，实现平台公司"投资、融资、招商、建设、运营、服务"一体化，扩展产业深度，实现从投融资平台到产业链运营平台的转变，推动平台公司做大做强。赣南老区将持续加大力度做好体制机制改革工作，推动实现高质量跨越式发展，向成为江西省改革创新的示范区目标看齐，为推进赣南苏区振兴发展、努力描绘好新时代江西改革发展新画卷提供有力支撑。

二、高质量发展必须公平协调

高质量发展必须公平协调，统筹区域协调发展，赣南各县市坚持立足独特优势和长远发展，按照"产业兴旺、生态宜居、乡风文明、治理有效、生活富裕"的总要求，系统谋划、分类实施。

（一）产业发展筑牢高质量发展基础

打好特色牌、主动仗，优势更优、特色更特，以开放姿态激发发展新动能。发展脐橙、蔬菜、油茶三大主导产业，形成更大优势。同时，赣南老区利用特色旅游和文化资源，创新推动产业融合发展，重点打造"文化和旅游+"等新型产品。科学谋划文旅产业项目布局，加快推进文旅项目建设，推出以红色文化、宋城文化、客家文化、阳明文化为主题的特色精品旅游线路。加强智慧旅游体系建设，打造"数字文旅"。设立"文旅贷风险补偿资金池"，引导银行业金融机构支持文旅中小微企业发展。创建多元发展平台，建设一批重点项目，培育一批龙头企业，推出一批品牌名录。

（二）城乡协调推动公平发展

落实乡村振兴战略，抓好乡村建设。赣南老区持续推进农村人居环境整治，推动乡村环境从基础整治向品质提升迈进，加快实施乡镇建设三年行动，补齐农村基础设施、公共服务等突出短板，努力将农村户厕问题摸排整改列为"我为群众办实事"项目清单，努力把改厕这件实事办好。同时，抓好乡村治理。加快市域社会治理现代化，推进乡、村综治中心规范化建设，常态化开展下访活动，主动到群众中去化解矛盾纠纷，加强乡风文明建设，激发乡村治理活力。赣南在推动乡村振兴过程中，注重示范引领和改革创新，以试点示范引领带动全域发展。

三、高质量发展推动实现共建共享

围绕满足人民日益增长的美好生活需要，着力解决就业身份歧视、择校热、看病贵等群众关心的热点难点问题，一件事情接着一件事情办，一年接着一年干，让改革发展红利惠及更多群众。

（一）教育是民生之本，是社会进步的重要基石

近年来，赣南老区坚持把教育事业摆在优先发展位置，加大教育投入，大力推进学校建设，改善教育教学环境，解决教育发展不平衡、不充分问题。为了实现"最好的房子是学校，最美的环境在校园"的目标，赣州市制定完善学校网点布局规划，大力推进学校建设，规范办学行为，扩充教育资源，巩固基本均衡

成果，推动教育事业高质量发展。在夯实义务教育基础设施的同时，赣州市还扎实推进城乡学前幼儿园建设，加大幼儿园扩建和完善的投入力度，推动学前教育普惠发展迈出新步伐；以提升教育均衡发展水平为重点，优化教育网点布局，加快推进幼儿园建设，缓解幼儿入学入园压力。赣州市通过加强学校建设，夯实了教育基础设施，全市教育公平取得突破性进展，教育质量实现飞跃，教育保障条件更加坚定。

（二）医疗保障是民生保障的重要内容

赣州市坚持以人民健康为中心，以健康赣州为抓手，聚焦"三大战略"和"六大主攻方向"，抓住"十四五"规划编制机遇，推动卫生健康事业高质量发展；积极抓紧抓实抓细常态化疫情防控，加快构建强大的公共卫生服务体系，改革完善疾病预防控制体系，加强疾控体系基础建设和能力建设，提升公共卫生服务水平。同时，持续提升基层医疗机构服务能力，全面落实乡村医疗机构一体化管理；深入推进健康赣州建设，全面开展健康促进和健康教育活动，加快中医药传承创新发展，全面启动国家卫生城镇创建工作，进一步提升群众健康素养；持续深化医药卫生体制改革，推动医院高质量发展，提高市立医院医疗集团运行效率，建设紧密型县域医共体，打造县域医疗集团示范点，推动构建"市级引领、县强、乡活、村稳"的高质量整合型医疗卫生服务体系，着力打造分级诊疗"赣州模式"；持续提升医疗服务能力，持续扩容优质医疗资源，加快学科建设步伐，全面建设区域性医疗中心，全力推进卫生健康事业对接融入粤港澳大湾区，切实增强人民群众就医获得感。

第三节　高质量发展是赣南老区适应社会主要矛盾变化的必然要求

发展不平衡不充分问题，是当前和今后一个时期制约中国发展和满足人民日益增长的美好生活需要的主要问题，是现阶段各种社会矛盾交织的主要根源。发展是动态过程，不平衡不充分是一直存在的，但当发展到了一定阶段后不平衡不充分成为社会主要矛盾的主要方面时，就必须下功夫予以解决。

党的十九大报告指出："中国特色社会主义进入新时代，我国社会主要矛盾已经转化为人民日益增长的美好生活需要和不平衡不充分的发展之间的矛盾。"

在改革开放初期，为解决当时"人民日益增长的物质文化需要同落后的社会生产之间的矛盾"这一社会主要矛盾，必须尽快发展社会生产力，各方面工作都要配合和服从快速发展经济。经过多年努力，我国经济体量明显增大，经济实力显著提升，原来生产力落后的状况已经得到相当程度的改变，生产力发展的制约因素更多表现为经济社会发展不平衡不充分，特别是经济结构性矛盾尖锐、生产效率性问题突出、社会民生建设滞后和资源环境约束趋紧等。现如今，转向高质量发展阶段，是赣南老区直面新时代主要矛盾的必然选择。解决新时代我国社会主要矛盾，必须推动经济高质量发展。只有实现高质量发展，才能满足老区人民对物质文化生活的更高要求，才能为满足人民需要奠定坚实物质基础。可见，在社会主要矛盾发生转化的条件下，推动高质量发展成为解决社会主要矛盾的关键举措，成为当前和今后一个时期确定发展思路、全面满足人民的美好生活需要、制定经济政策、实施宏观调控的必然要求。

一、推动高质量发展是实现老区人民对美好生活向往奋斗目标的现实需要

中国特色社会主义进入新时代，人民美好生活需要日益广泛，不仅对物质文化生活提出了更高要求，在民主、法治、公平、正义、安全、环境等方面的要求也日益增长。我国经济社会迈入新阶段后，人民生活已经得到极大的改善，人民对新生活的期待和向往日益提升，美好生活的需求层次不断攀升。在基本物质生活获得充分保障的同时，赣南老区人民群众的生活需求不断提高。一方面，物质生活的需求不断丰富，不再局限于物质生活资料的数量充足，越来越追求物质生活资料的质量保障；另一方面，更离不开丰富精神生活的滋养，开始更加注重追求安全稳定舒适的生产生活环境以及公平正义、民主参与的社会生活。这不仅是生存本能需求升级基本规律的体现，也是社会生产力进步的必然反应。推动赣南老区经济高质量发展要求社会提供更高水平、更好质量的物质生活保障及精神生活条件，以更高效、更便捷、更有效的生产方式和组织形式保障高质量产品供应，来适应人民群众的消费升级趋势，最大限度地顺应人民美好生活需要新期待。

因此，为达到老区人民对美好生活的目标要求，确保获得持续、健康和稳定的发展动力，必须在最大程度上推动赣南老区经济转向高质量发展，必须落实到社会民生事业的高质量发展上。这主要表现在：第一，教育、医疗、养老、社会保障等社会公共产品的数量和质量能够满足老区人民的需要。第二，创造较为充分的就业机会，形成基本合理的收入分配体制机制，使老区人民总体收入稳定提高，中等收入群体不断壮大。第三，社会风气积极向上，文化事业蓬勃发展，人们的精神生活日益丰富，社会文明程度不断提高，社会氛围公平、公正、民主、和谐。第四，绿色发展理念深入人心，生态环境得到充分保护，居民生活环境美好宜居，人与自然和谐相处。

二、推动高质量发展是解决不平衡不充分发展问题的必然要求

从国际发展实践来看，经济和社会发展的不平衡不充分是世界各国普遍存在的问题，必须努力将其控制在可控范围之内，才能最大限度地保障社会经济资源的高效配置利用。准确剖析当前我国所面临的不平衡不充分发展的问题，对于指引新时代我国经济发展战略选择意义重大。追求速度的经济发展，对效益和效果不够重视，容易导致内部发展失衡，引发区域不协调、分配不平衡、层次不均衡等方面的问题，经济发展差异化程度加大，这是由经济发展的客观规律决定的。更为重要的是，要科学把握经济快速增长中的发展不充分问题。我国人口基数和市场体量庞大，经济发展的回旋余地和发展空间仍然存在较大提升和挖掘的空间，经济发展的深度尚存巨大拓展潜力，人民对更多获得感和幸福感的期待更加迫切，经济发展的活力仍待充分释放。在这样的背景下，赣南老区只有通过推动高质量发展，提高生产要素的整合利用，促进资源优化配置，强化区域衔接配合，实现生产组织高效运转，才能解决不平衡不充分发展问题，深入挖掘内生动力弥合发展差距，不断催生新的发展动力和后劲，推动赣南老区经济持续健康发展。

第四节　高质量发展是传承弘扬赣南老区红色文化的必然要求

赣南老区是一片充满红色记忆的土地，孕育了伟大的井冈山精神、苏区精神和长征精神。习近平总书记强调指出，这些伟大的革命精神跨越时空、永不过时，是砥砺我们不忘初心、牢记使命的不竭精神动力。中共中央、国务院印发的《关于新时代推动中部地区高质量发展的意见》，要求增加高品质公共服务供给，传承和弘扬赣南等原中央苏区红色文化，打造爱国主义教育基地和红色旅游目的地。在政策的指引下，高质量发展必将推动赣南老区红色文化的传承和弘扬，也

是传承和弘扬老区红色文化的必然要求。

一、高质量政策引领，打造革命文物保护全国样板区

2012 年 6 月，《国务院关于支持赣南等原中央苏区振兴发展的若干意见》明确提出了"编制赣南等原中央苏区革命遗址保护规划，加大对革命旧居旧址保护和修缮力度"的要求。2013 年 10 月，国家文物局原则同意并批复了《赣南等原中央苏区革命遗址保护规划》。2012～2017 年，赣南老区革命遗址群修缮利用等多项工程获国家文物局立项，争取补助资金近 4 亿元，保护维修项目 240 个（包括了云石山寺、段屋铜锣湾刘氏宗祠、鸣榜公祠等），所涉项目和资金均创历史新高①。革命遗址保护工程的有力实施，避免了革命遗址的倾倒消逝，使大批承载着深厚红色历史文化内涵的革命遗址得以保存。2019 年 3 月，赣州市第五届人民代表大会常务委员会第二十次会议通过《赣州市革命遗址保护条例》，自 2019 年 6 月 1 日起施行。这是赣州市首次对革命遗址保护进行单独立法，可以填补非文物类革命遗址保护的法律空白，有助于对现有的革命遗址进行保护。在国家政策大力支持下，抓好赣南老区长征文物、红色标语保护利用，以 9 个片区 87 个县为主战场，有利于再创革命文物保护片区建设全国样板；深化革命文物史实研究和价值挖掘，推进专题革命博物（纪念）馆高质量发展，策划一批主题突出、导向鲜明、内涵丰富的革命文物陈列展览和特色宣教活动，有助于打造新时代高质量红色基因传承高地。

二、高质量创新利用保护新模式，推动红色旅游发展

合理利用是保持文物古迹在当代社会生活中的活力、彰显文物古迹价值的重要手段。开展革命文物集中连片保护利用工程，是实施革命文物保护利用工程的六个重点项目之一。近年来，国家加大对赣南老区的扶持力度，通过统一规划、统一领导，赣南老区出现了保护利用一体化的新形式，助力传承文化与经济社会发展相协调。赣南老区创立了四种不同的模式，即把革命旧址的保护与精品红色旅游景区相结合、与传统村落保护相结合、与特色乡镇建设相结合、与休闲农业相结合。这些工作使当地革命旧址的保护利用状况得到了非常明显的改善，带动了当地旅游业发展，也带动了当地老百姓就业，提升了赣南人民生活水平。据环

---

① 江西省文化和旅游厅．赣州，全面推进文物保护利用［EB/OL］．http：//dct. jiangxi. gov. cn/art/2018/11/30/art_14514_415324. html，2018-11-30.

球网报道，2019年全国红色旅游十大目的地排名中，赣州市排名第七位。在新的文旅融合发展期，赣南老区通过整合红色文化的价值体系，创新发展，进一步改进融合模式，加快推动了红色旅游高质量发展。

三、广泛开展高质量红色主题文化活动，增强红色文化影响力

红色旅游是当前中国旅游的重要业态，赣州市的红色旅游也进入了全面发展的阶段，是全国12个重点红色旅游区之一。近年来，为加强革命传统教育及增强红色文化影响力，赣南老区开展多项红色文化主题活动。实施百期音视频节目、百个革命文物展览、百处革命旧址保护利用优秀案例、百佳革命文物讲述人、百项红色主题社教等"五个一百"红色文化主题活动，推出"初心耀征程——百件珍贵革命文物档案说江西"主题展览。开展"重温百年党史传承红色基因"优秀舞台艺术作品展演活动，组织江西省近年创排的11部优秀红色舞台艺术剧目展演巡演。举办"唱支山歌给党听"歌咏比赛、开展"永远跟党走"广场舞展演等活动。加快推动红色旅游与产业、科技融合，大力发展红色文创、红色演艺等，打造红色旅游融合发展示范区，增强红色旅游的吸引力和感染力。如赣州方特东方欲晓主题公园，是一个以红色文化体验为主题的大型文化高科技主题公园，让游客在沉浸式体验中感受波澜壮阔的中华民族的复兴历程。

此外，赣南老区依托中国井冈山干部学院、瑞金干部学院等教学资源，努力推出"走一段红军小道，听一堂传统教育课，向革命先烈献一束花，吃一顿红军餐，看一场红色歌舞，学唱一首红军歌谣"的"六个一"红色研学旅行和体验旅游项目，规范红色教育培训服务。如近年来，瑞金市逐步走出了具有瑞金特色的红色培训新路子，形成了以"游红色故都、学红色历史、听红色故事、看红色旧址、唱红色歌谣"等活动为主要教学内容，以课程培训、户外拓展、现场教学等形式为主要的红色教育培训和研学游模式。在叶坪、红井、二苏大等核心景区，因地制宜推出了《选举》《打草鞋》《送别》等一批情景再现项目，策划推出"缅怀""学唱送郎调"等现场情景节目，重温红色经典，再现苏区岁月；云石山"重走长征路"体验游等集休闲观光、农事体验、体育竞技、红色教育、科普教育于一体……作为"一苏大"旧址的谢氏祠堂、传颂动人故事"吃水不忘挖井人"的红井、长征第一山——云石山等红色印记通过各种互动性强的项目，深深地刻在了参加红色研学的游客心中。"铁石相击，必有火花。"实地开展红色文化教育，有利于使旅游者们对革命先烈的光荣历史有更深刻的了解，对于革命精神的继承与发扬有着深远影响。

参考文献

[1] 赵洋. 中国省级经济发展质量的动态评价及区域特征——基于"五位一体"的评价体系 [J]. 东北财经大学学报，2020（3）：51-60.

[2] 李兰珍. 特征·要求·路径：把握新时代我国社会主要矛盾的三重维度 [J]. 新乡学院学报，2018，35（10）：4-8.

[3] 李洁，廖小琴. 新时代美好生活建设的现实逻辑与实践指引 [J]. 西南石油大学学报（社会科学版），2020，22（3）：54-62.

[4] 周久贺. 新时代经济高质量发展的基本内涵、主要特征与实现路径——基于广西的分析 [J]. 南宁师范大学学报（哲学社会科学版），2020，41（4）：82-95.

[5] 何雨. 改革开放以来我国现代化战略安排的演进及其逻辑 [J]. 现代经济探讨，2018（9）：41-45.

[6] 张军扩. 加快形成推动高质量发展的制度环境 [J]. 中国发展观察，2018（1）：5-8.

[7] 马建堂. 新时代经世济民的思想丰碑 [J]. 新经济导刊，2018（8）：10-12.

[8] 王代新，王代红. 绿色金融的内涵现状以及解决方式 [J]. 中国商论，2017（25）：32-34.

[9] 阚艳秋. 基于定性比较分析的我国智慧城市建设成效影响因素研究 [D]. 电子科技大学硕士学位论文，2020.

[10] 学习贯彻十九大精神系列问答 [J]. 实践（党的教育版），2018（1）：8-10.

[11] 孔发龙. 初心如磐　使命不变　以担当作为答好时代考卷 [J]. 中国农村金融，2019（14）：1.

[12] 马志武. 弘扬红色精神，走好民革新时代长征路 [J]. 团结，2019（3）：3-4，7.

[13] 陈金泉，王军力，黄颖敏. 新时代赣州市革命遗址保护与利用思考 [J]. 老区建设，2020（16）：77-83.

第三章 新时代赣南老区高质量发展的动力源泉

推动高质量发展是"十四五"时期经济社会发展的主题，也是做好当前和今后一个时期经济社会发展工作的根本要求。习近平总书记指出："高质量发展就是体现新发展理念的发展，是经济发展从'有没有'转向'好不好'。"在经济由高速增长转向高质量发展的新征程上，赣南老区必须坚定不移贯彻创新、协调、绿色、开放、共享的新发展理念，以高质量发展更好地满足人民日益增长的美好生活需要。

第一节 创新是引领高质量发展的第一动力

习近平总书记指出，当今世界正经历百年未有之大变局，科技创新是其中一个关键变量。创新是引领高质量发展的第一动力，立足新发展阶段、贯彻新发展理念、构建新发展格局，科技创新至关重要。要紧紧扭住创新这个"牛鼻子"，深入实施创新驱动发展战略，做好创新发展的"乘法"，加快推进质量变革、效率变革、动力变革，以创新引领推动赣南老区高质量跨越式发展，努力让科技创新这个关键变量成为"最大增量"。

一、创新平台能级提升，助力高质量发展

创新驱动，平台是重要基础。赣南老区大力实施创新平台攻坚行动，切实抓好创新平台的布点落子，加快建设一批新型研发平台，瞄准产业关键共性技术，引导和支持大型骨干企业与高等院校、科研院所共建院士工作站，着力引进国内

外知名大学、科研院所和国家实验室、大科学装置落户赣州，支持赣州市高校、科研院所做大做强，以高水平创新平台促进高质量科技创新。江西省首个大院大所中央法人机构——中科院赣江创新研究院在赣州揭牌运行，国家稀土功能材料创新中心成功入驻，孚能科技获评江西省首家独角兽企业，建成一批国家工程技术研究中心、企业技术中心、重点实验室、高层次人才产业园，国家科技型中小企业1100家，总量居江西省前列，实现国家级重大研发项目和世界技能大赛金牌"零的突破"。此外，赣南老区还积极搭建一批创新服务平台。探索线上线下科技创新服务新模式，搭建运行"赣州科创吧""科协进园区——科技创新一站式O2O服务平台""企服城"等"互联网+"服务平台，引入30余家创业咨询培训、创投机构等第三方服务机构。

二、科技与产业融合，助力高质量发展

产业是科技创新的载体，创新发展关键要落在"产业化"上，实现科技创新与产业发展的深度融合。赣南老区紧紧围绕产业链部署创新链、围绕创新链布局产业链，大力推进重大关键技术攻关。同时，加快传统产业向数字化、网络化、智能化、平台化、绿色化转型发展，全面提升产业基础高级化、产业链现代化水平。近年来，赣南老区坚持集群发展、创新发展思路，积极推动科技创新与产业衔接，高标准打造"两城两谷两带"，超前谋划战略性新兴产业，加快建设蓉江新区大数据产业园、赣州经开区区块链技术产业园、章贡区数字经济创新发展试验基地、信丰和龙南5G科技产业园、南康家具产业大数据创新应用基地、国家健康医疗大数据应用中心，形成多支柱的新兴产业体系。在智能化创新方面，赣州市智能产业创新研究院产业实训基地已研发出智能婴儿床、巡检机器人、AI视觉智能分拣机器人等10多项智能产品，已在"智能+人才""智能+工业""智能+农业""智能+旅游""智能+医疗"等领域取得了十几项成果，并在家具、脐橙产业中得到应用，促进产业转型升级，推动赣南老区高质量发展。

三、科技人才聚集，助力高质量发展

创新发展归根结底要靠人才，创新驱动实质是人才驱动。赣州市坚持把人才作为第一资源，加大力度引进各类科技领军人才、创新团队，提高本市高校毕业生留赣比例，想方设法聚集人才、留住人才、用好人才。围绕"两城两谷两带"建设，赣南老区实施高层次科技人才团队引进培育计划，引进一批高层次科技人才携带科技成果、资金和人才到赣南创新创业。近年来，赣州市出台了《关于创新人才政策、推动人才发展体制机制改革的若干意见》《关于推进人才住房建设的若干意见》，建成赣州高层次人才产业园。此外，赣州市还积极搭建苏区人才发展合作研究院等聚才平台，设立宁波人才联络站、深圳招才引智分局、"苏区人才伯乐奖"等，把人才工作的端口前移到发达地区和人才密集地区。人才崛起，让创新成果不断涌现，为赣南老区高质量发展注入活力。

第二节　协调是高质量平衡发展的重要抓手

经济社会高质量发展，关键靠统筹协调。习近平总书记指出："协调发展是制胜要诀。"协调是发展平衡和不平衡的统一，强调协调发展不是搞平均主义，而是更加注重发展机会公平，更加注重资源均衡。赣南老区协调发展就是城乡发展、区域发展、人与自然和谐发展等各个方面相协调，解决发展不平衡问题，加快推动赣南高质量发展。

一、区域协调发展是高质量发展的重要支撑

加快推动区域协调发展，形成各具优势、竞相发展的区域发展新格局，是新时代推动赣南高质量跨越式发展的题中之义。区域发展不充分不协调，是赣南老区高质量跨越式发展进程中急需补齐的短板。国务院、江西省政府先后出台意见，支持赣州建设省域副中心城市，赣州应时而动，朝着"江西南部重要增长板块"的坐标加速前行。"十三五"期间，赣州市着力推进赣南老区各县市协调发展。

（一）城市综合交通枢纽网络体系不断完善

为贯彻落实习近平总书记进一步完善政策、创新举措、补齐短板、推动区域协调发展的重要批示精神，赣南老区积极构建大交通格局，融入一体化发展，做出"解放思想、内外兼修、北上南下"的战略部署，明晰了在更高起点上继续扩大开放的路径选择。2020年，昌赣高铁通车运营，赣深高铁加快建设，赣南老区正式跨入高铁时代；黄金机场T2航站楼建成运营并开通国际航班；中心城区"三横五纵一环"快速路网建设加速推进，建成迎宾高架、东江源高架、创业路高架、飞翔高架、客家大道西延高架、赣南大道快速路六条高架快速路。沙河大道快速路、黄金大道快速路、武陵大道快速路等七条高架快速路也陆续建设，全

部建成后总长度达 120 千米，赣州市成为江西省快速路网最长的"高架城市"。

（二）加快谋划发展布局

作为中西部地区连接东南沿海的重要通道，赣南老区要素完备、资源富集、环境优越。深化区域合作，融入区域经济一体化建设，既具有现实基础，也是加快发展的题中之意。为了推动区域协调发展，积极对接粤港澳大湾区、海西经济区，加快与"一带一路"、长江经济带的互联互通，赣南老区发挥长三角赣商联盟、"红三角"经济发展促进会等区域性协会组织的纽带作用，利用赣港经贸合作交流会、中国（深圳）国际文化产业博览交易会、赣台经贸文化合作交流大会等展会平台，有针对性地开展招商推介、考察洽谈，取得了一批合作成果。同时，赣南老区积极深化与周边省市的旅游、金融及生态合作，通过推动区域协调发展，为赣南老区经济高质量发展提供了重要支撑。

二、城乡协调发展筑牢高质量发展基础

（一）狠抓城市建设管理

近年来，赣州市坚持以建设省域副中心城市为目标，在"坚持民生项目引领、补齐城市建设短板"上狠下功夫，全力改善城市基础设施和城市人居环境，推进中心城区壮大、区域协调，不断提升城市品位和城市能级。第一，基础设施建设不断完善。截至 2020 年底，完成南康区第二水厂扩建等项目，加快建设上犹江引水工程一期、赣南第二水厂三期等工程，中心城区供水保障能力得到进一步提升。一批污水处理设施陆续建成，污水处理能力得到提升。建成了各类专业垃圾处理设施，垃圾处理率进一步提升。2020 年底，建成了赣州生活垃圾焚烧发电厂一、二期，可每日处理中心城区 1200 吨生活垃圾；建成了生活污水处理污泥处置厂，可每日处理中心城区污泥 100 吨；餐厨废弃物资源化利用项目也已建成并投入使用，每年可处理 7.5 万吨厨余垃圾。第二，城市人居环境大幅提升。近年来，赣州市将老旧小区提升改造作为一项重点民生工程来抓，大力完善老旧小区配套基础设施，有效改善老旧小区居民居住条件，增强市民的获得感、幸福感和安全感。截至 2020 年，赣州市中心城区累计实施老旧小区改造 300 余个，渔湾里、姚府里、三康庙小区、医学院路附近等大批老旧小区旧貌换新颜。为刷新城市颜值，夯实城市里子，赣州市制订《赣州市中心城区背街小巷提升改造实施方案》。13 个镇街的 1632 条背街小巷纳入提升改造，总长度约 321 千米。赣州各区稳步推进背街小巷提升改造工作，对背街小巷整管线、整标识、改管网、改排水排污、改道路，绿化、亮化、美化、特色化。至 2020 年底，千余条背街小巷已完成改造。

（二）大力实施乡村振兴战略

近年来，赣南老区认真贯彻落实中央农村工作会议精神，以实施乡村振兴战略为总抓手，下大力做好"三农"工作。第一，突出"优势"，支持发展优势农业产业。赣南老区大力推动农业特色产业发展，各地根据自身资源等优势，科学确定特色产业发展方向，种养规模稳步扩大，根据自身产业布局，线上线下相结合，对人员进行种养技术、品种选择等培训。同时，加强政策扶持，2020 年争取省级资金 1240 万元、市本级联动资金 472 万元，支持特色产业发展项目 67个。① 2020 年，赣南老区制定有力政策强化引导，利用高效举措推动项目，挖掘典型发展职业菜农，开展培训普及实用技术，以开放视野开拓市场。在扎实有力的举措的推动下，"赣南蔬菜"品牌加快唱响，赣州市成为共建大湾区"菜篮子"平台城际合作城市，新建规模设施蔬菜基地 7.7 万亩，累计建成 25.54 万亩，比 2019 年增长 21.91%。第二，强化"保障"支持农村基层组织建设。赣州市从 2019 年 1 月起，提高农村离任"两老"生活补助，全市统一按离任老村党支部书记每人每月 200 元、离任老村委会主任每人每月 180 元的标准执行。2019年，市本级预算安排基层党建经费 17382 万元，市、县财政统筹安排 8570 万元帮助各县（市、区）村（居）委会干部代缴企业职工养老保险费用，解除基层村干部后顾之忧②。第三，坚持"优先"，支持发展农村教育事业。赣南老区大力支持改善农村办学条件和乡村教师待遇。加快改善义务教育薄弱学校基本办学条件及农村义务教育学校标准化建设，全面保障乡村教师待遇，落实"特殊津贴"、教师生活补助和特岗教师补助"三项政策"。第四，紧扣"生态"，支持建设美丽乡村。赣州市统筹各级资金支持，加快补齐农村人居环境突出短板。2019年，安排 2.7 亿元支持全市 4561 个村点"和谐美丽，生态宜居"新农村建设，安排 8400 万元和 6200 万元，分别对特色小镇和示范乡镇进行奖补。加大生态环境保护投入，及时分配下达流域生态补偿资金 1.35 亿元，统筹安排 1.1 亿元支持全市"低质低效林"改造和生态亟须恢复区森林质量提升，落实"河长制"等经费 1600 多万元③。

① 建设现代农业强市！赣州加快推进乡村产业振兴［EB/OL］. 赣南日报，https：//m. thepaper. cn/baijiahao_10612161，2020-12-30.

② 江西省财政厅办公室. 多点发力全力支持乡村振兴战略［EB/OL］. https：//baijiahao. baidu. com/s？id=1643174850965577388&wfr=spider&for=pc，2019-08-29.

③ 赣州市：多点发力全面支持乡村振兴战略［EB/OL］. 搜狐网，https：//www. sohu. com/a/334254412_393135，2019-08-16.

第三节　绿色是高质量发展的客观要求

习近平总书记指出，绿水青山就是金山银山。绿色生态是赣南老区最大的财富、最大的优势、最大的品牌，将赣南老区绿色生态转化为财富是实现老区经济社会高质量发展的必由之路。近年来，赣南老区牢固树立"两山"思想，认真贯彻落实习近平总书记视察赣南的讲话精神，坚持走绿色、循环、低碳、可持续发展之路，努力创建新时代革命老区"生态样板"，有利于促进人与自然和谐发展，加快打造高质量"生态样板"新优势。

一、着力多维生态治理，让荒山变青山

党的十八大以来，赣南老区紧紧围绕建设"我国南方地区重要的生态屏障"战略定位，积极践行山水林田湖草系统治理理念，大力推进治山、治水、治污工程，实现生态效益和经济效益的丰收。

（1）治山方面。通过采用废弃稀土矿山治理"三同治"模式，至 2020 年底，赣南老区系统修复 34.1 平方千米，使大批废弃矿山重披绿装①，近 300 万亩低质低效林完成改造，4346 座崩岗劣地长出了绿树，2060 平方千米水土流失得到有效遏制，7.79 万亩灾毁和沟坡丘壑土地得到整治修复②。森林覆盖率稳定在76.23%以上，环境空气质量优良率保持 100%③。

（2）治水方面。通过构建"多层次"流域生态补偿机制，赣南老区不仅开展东江流域生态保护补偿试点工作，还大力推进赣南老区内流域上下游横向生态保护补偿。至 2021 年 5 月，赣州市 20 个县（市、区）全面建立市内流域生态补偿机制④。

---

① 江西省赣州市水土流失综合治理显成效：山复绿　水转清　果飘香［EB/OL］.潇湘晨报，ht-tps：//baijiahao.baidu.com/s？id=1719739691916103624&wfr=spider&for=pc，2021-12-21.

② 从"单一治理"到"全局治理"：赣南老区展示生态新画卷［EB/OL］.新华网，https：//baijia-hao.baidu.com/s？id=1685043487706171915&wfr=spider&for=pc，2021-12-03.

③ 江西赣州把"光头山"变成"花果山"［EB/OL］.光明日报，https：//baijiahao.baidu.com/s？id=1686997352195555767&wfr=spider&for=pc，2020-12-25.

④ 赣州加快建立流域生态保护补偿长效机制［EB/OL］.信息日报，https：//www.163.com/dy/article/G9UJECAU0534AANE.html，2021-05-15.

（3）治污方面。通过应用小流域综合治理"生态清洁"模式，赣南老区一方面加快传统优势产业转型升级，推动生态农业、生态工业、现代服务业三产融合发展，打造绿色循环产业链；另一方面通过生态化"疏河理水"、多元化"治污洁水"、生物化"消劣净水"等模式治理，使流域水质稳定达标，赣江、东江出境断面水质100%达标。赣州市先后荣获全国文明城市、国家森林城市、中国最具生态竞争力城市、中国最佳绿色宜居城市、全国首批创建生态文明典范城市称号。

二、着力资源有序开发，让青山变金山

（一）立足环境优势，有序开发生态旅游

一方面，建立各级各类自然保护地。截至2020年，赣南老区已建立自然保护区51个、森林公园31个、湿地公园20个、风景名胜区9个、地质公园4个，并荣获了"绿色生态城市保护特别贡献奖"①。另一方面，将环境优势与文化旅游有机融合起来。赣南老区大力推进旅游、文化、体育、康养四业融合发展，不仅重点打造"一山一湖一居一谷一湾一梯田"旅游产业项目集群，还着力打造大余丫山、崇义阳明山、上犹阳明湖、安远三百山、石城通天寨、会昌汉仙岩、宁都翠微峰等一批南北贯通、东西交错的生态旅游精品线路。据统计，2019年底，赣州市生态旅游接待游客4470.12万人次，总收入469.5亿元，同比增长25.73%②。

（二）统筹林下经济，大力发展油茶产业

林下经济是在不砍树的条件下，发展林下种植业、养殖业等，是一种循环相生的生态农业模式。2018年，赣州市出台《关于加快林下经济发展的指导性方案》等文件，明确重点发展油茶、竹、森林药材与香精香料、森林食品等产业。至2020年底，赣南老区六大林下经济总面积达1200余万亩，产值超470亿元，带动林农超80万户③。2015年全国两会期间，习近平总书记参加江西代表团审议时指出，要深入调研扶持赣南油茶产业发展。截至2020年，赣州全市油茶林总面积300万亩，高标准高效益油茶示范基地50个，油茶产值达103亿元。

---

① 赣州市林业局.【绿水青山看江西】赣南苏区：红色与绿色的交响［EB/OL］. https：//www. gan-zhou. gov. cn/zfxxgk/c100449r/2020-07/31/content_3e26e2c46940465ca280f168b45c9a61. shtml, 2020-07-31.

② 江西赣州绿色生态带来"金山银山"［EB/OL］. 中国自然资源报, http：//www. pecsoa. cn/df/20 2008/t20200811_66730. html, 2020-08-11.

③ 《走进森林 乐享健康》激活绿色崛起新动力——赣州大力发展森林旅游纪实［EB/OL］. 客家新闻网, https：//baijiahao. baidu. com/s? id=1677615210106270744&wfr=spider&for=pc, 2020-09-12.

（三）立足生态修复，大力发展循环产业

2019 年，赣南老区在废弃矿山上建设了 1 万余亩的循环产业园，建成光伏发电站 2 座，种植经济林果 3000 余亩；通过土地整治发展高品质蔬菜、脐橙等农业特色产业 5.2 万亩。

第四节　高水平开放是促进高质量发展的必经之路

开放作为五大发展理念之一，对促进赣南老区经济发展有着极其重要的促进作用。赣州"横贯东西、沟通南北、通江达海"，处于珠三角、闽东南、长三角的腹地前沿，是赣粤闽湘四省通衢区域中心。同时，赣州作为"一带一路"的重要节点城市，是内地通向东南沿海的重要通道，也是连接东南沿海与中西部地区的区域性物流中心，区位优势明显。近年来，赣州着力推进双向开放，全面提升开放水平，多方面综合发力，全力打造在国内有影响力的内陆双向开放高地，推进赣南老区高质量发展。

一、加快构建开放口岸体系，有力支撑双向开放

赣州国际陆港功能日益完善，获批全国第八个对外开放口岸、全国"一带一路"多式联运示范工程、进口肉类指定监管场地和汽车整车进口口岸，成为全国品类较齐全的内陆口岸。其通关运行以来成绩显著，一举成为江西省吞吐量最大、全国铁海联运外贸集装箱吞吐量最大的内陆港。赣州综合保税区成为全国首批加工贸易承接转移示范地；龙南保税物流中心（B 型）顺利通过验收并开始封关运营且运转顺利；瑞金陆路口岸作业区建设进展顺利；航空口岸建设取得突破进展，口岸开放申报工作有序推进。自《国务院关于支持赣南等原中央苏区振兴发展的若干意见》出台以来，赣南累计获国家、省级层面批复的重大平台 200 多个①，成为全国获批国家、省级层面重大平台较多的设区市，以赣州国际陆港、赣州综合保税区、赣州经济技术开发区为核心区域，瑞金陆路口岸作业区、龙南保税物流中心（B 型）为两翼的"一核两翼"口岸平台体系正在加速形成，为

---

① 跨越"第一渡"，长征出发地"换了人间"［EB/OL］．甘州在线，https：//baijiahao.baidu.com/s?id=1636093171865723269&wfr=spider&for=pc，2019-06-12.

双向开放提供了有力的平台支撑。

二、密切口岸互通合作，提供发展机遇

围绕"多口岸直通、多方式联运"，赣州国际陆港积极对接满洲里、二连浩特、霍尔果斯、阿拉山口四大沿边口岸，常态化开行19条中欧（亚）班列线路，联通俄罗斯、德国、芬兰、瑞典等欧洲国家和中亚各国，融入"丝绸之路经济带"；与盐田港、广州港、厦门港等沿海各大港口开行铁海联运"五定"班列，连接"21世纪海上丝绸之路"。赣州综合保税区打造赣州至香港直通车公路口岸，在江西省率先开通赣州至香港公路货运直通车，改变了赣州到香港货物需要中转的局面。与各沿海沿边口岸的常态化沟通协作，大大加快了赣南老区对外双向开放的步伐，也为赣南老区打造内陆双向开放高地带来了机遇。

三、加快提升通关服务水平，全面优化营商环境

为了实现"通关与沿海同样效率"，赣州海关以问题为导向，深化"放管服"改革，出台专项行动方案，提出了5个方面30条具体措施，着力打造"政策最优、成本最低、服务最好、办事最快"通关环境，实现"三减一提一降"。赣南海关实行"随到随检、快速通关""不打烊"的全天候通关服务，让"空"港变成了"不夜城"；多措并举落实进境与沿海同价到港、出境与沿海同价启运、通关与沿海同样效率的"三同"目标，降低企业物流成本；建立关际协调机制，密切与满洲里、厦门、霍尔果斯等海关通关协作，实现信息共享，畅通中欧班列转关渠道等服务措施，持续提升班列服务效能。

此外，为进一步对接融入粤港澳大湾区，加快推进内陆地区双向开放试验区建设，南康区高起点高标准打造了南康区双向开放综合服务中心，为外贸类进出口企业提供报关报检、船代货代、出口信保、铁海联运、中欧班列等"一条龙"服务，为招商引资企业提供从企业注册到项目落地、融资贷款等全过程审批服务，服务水平和行政效率显著提高。

第五节　人民共享是高质量发展的根本目的

2021年2月26日，习近平总书记在主持中央政治局第二十八次集体学习时强调，社会保障关乎人民最关心最直接最现实的利益问题，是保障和改善民生、维护社会公平、增进人民福祉的基本制度保障，是促进经济社会发展、实现广大人民群众共享改革发展成果的重要制度安排。近年来，赣南老区积极加大再分配力度，强化互助共济功能，把更多人纳入社会保障体系，为广大人民群众提供更可靠、更充分的保障，不断满足人民群众多层次多样化需求，健全覆盖全民、统筹城乡、公平统一、可持续的多层次社会保障体系，进一步织密社会保障安全网，促进赣南老区社会保障事业高质量发展、可持续发展。同时，坚持普惠性、保基本、均等化、可持续原则，从群众最关心、最直接、最现实的问题入手，不断提高共享发展水平，加快推动赣南老区高质量发展。

一、大力发展社会事业

就业是民生之本，近年来，赣南老区把稳就业、保民生就业摆在突出位置，全力打好稳岗位、扩增量、保重点、提技能、优服务的"组合拳"，确保就业形势稳定。

1. 大力"稳岗位"

稳就业关键在于稳企业，企业稳则就业稳。赣南老区主动对接国家、省政策，全面落实社会保险费减免、失业保险稳岗返还、吸纳就业补贴、培训补贴等政策，进一步降低企业用工成本，帮助企业稳定生产、渡过难关；强化企业招用工保障，对重点企业建立"一对一"联系服务机制，保障企业用工需求。加强就业形势监测，采取调整工时、协议薪酬、调剂用工等措施，防止企业出现规模性裁员。

2. 积极"扩增量"

大力实施就业优先战略，用好用足促进就业创业各项优惠政策，通过产业辐射带动、支持自主创业、鼓励灵活就业等渠道不断拓宽就业空间。积极培育新的经济增长点，促进大数据、云计算、夜经济等新业态发展，扶持现代服务业，创造更多就业岗位。鼓励创新创业，2020年新增发放创业担保贷款21亿元以上，增强企业活跃度，实现创业带动就业的倍增效应。

3. 努力"保重点"

针对高校毕业生、新市民、就业困难人员等重点群体强化精准帮扶，全面落实就业创业扶持政策，为困难群体就业创业提供有利条件。在各高校开展人才新政、就业政策、就业招聘"三进校园"活动，积极搭建就业平台，加大招聘招录力度，促进高校毕业生留赣就业创业。加大就业困难人员和失业人员托底安置和帮扶力度，确保求助有渠道、就业有门路、生活有保障。

4. 推进"提技能"

扎实开展职业技能提升行动，做实线上线下培训平台，创新培训模式，丰富培训载体，根据市场需求等实际情况，引导各地围绕"两城两谷两带"以及现代服务业、新兴产业等10类重点产业开展职业技能培训。扩大以工代训范围，支持企业以训稳岗、以训待岗，不断提升劳动者的就业创业能力，2020年实现实施就业技能培训和创业培训等补贴性培训11.9万人以上，培训1000名以上新型学徒，拨付技能提升行动专账资金1.06亿元以上[①]。

5. 用心"优服务"

全方位提升公共就业服务水平，扎实开展"百千万线上线下招聘专项行动"，集中开展线上线下相结合的就业招聘对接活动，为重点群体提供职业介绍、职业指导等就业服务。深入推进"放管服"改革，全面取消涉及就业的行政事业性收费，消除体制机制障碍，为多种形式创业和灵活就业松绑。加快人力资源服务业发展，发挥人力资源服务机构稳就业、保居民就业的作用。

二、完善医疗保障制度

推进医疗保障制度改革，是守好老百姓"救命钱"的重要举措，有利于提升医保基金抗风险能力和使用效益、保障基金安全，是重大民生工程。为了更好地解决群众看病就医问题，近年来，赣南老区在重点改革领域先行先试，不断创新实施惠民、便民措施，形成了许多亮点做法。

（一）为完善医疗保障体系，不断加强医保政策支持

赣州市先后获批基金监管信用体系建设、自助开通异地就医直接结算服务、区域点数法总额预算和按病种分值付费三个国家试点城市，以及医保市级统筹市县（区）一体化管理、医保电子凭证两个省级试点城市。通过创新管理模式，统一集中医保基金征缴、支付、审计、监管，实现"前台受理、后台经办，统一受理、属地经办、全市通办"的一体化格局。医疗保障领域经办服务实现一体化格局，打破各县（市、区）零散化、围栏式的政策业务模式，有效保障老百姓在全市范围享受同等同质的医疗保障公共服务。此外，赣南老区通过优化医保政策、活化职工个人账户来支持发展与基本医疗保险有机衔接的商业健康保险，鼓

---

① 赣州市：打好"组合拳"，全力稳业［EB/OL］．江西人社，https：//www.sohu.com/a/401300337_120207612，2020-06-11.

励用人单位和个人通过参加商业健康保险及多种形式的补充保险解决基本医疗保障之外的需求。

（二）加强医保基金规范使用

赣州市医疗保障局自成立以来，始终把加强基金监管、维护基金安全作为重要政治任务，在持续加大对医保基金监管力度的同时，加强多部门协作，共同做好医疗保障基金监管和医保基金监管社会信用体系建设国家试点工作。通过构建信用监管，在全市范围内构建统一标准的医保基金信用体系监管数据库，扩大定点医药机构的信用评级、信用报告等信用信息的使用范围，实现信用监管奖惩制度在医保业务范围内全覆盖。截至 2020 年底，赣州市关闭破产改制困难企业10.54 万人纳入城镇职工基本医疗保险范围，实现了城乡居民基本医疗保险、城镇职工医疗保险的市级统筹，城乡居民基本医疗保险和城镇职工基本医疗保险最高支付限额均达到 40 万元。2020 年，赣州市进一步提高城乡居民基本医疗保险财政补助标准，达到每人每年不低于 550 元[1]。

（三）加强养老服务设施建设

2020 年 10 月，党的十九届五中全会提出"实施积极应对人口老龄化国家战略"，首次把积极应对人口老龄化上升为国家战略，为"十四五"时期乃至今后更长时期应对人口老龄化提供了基本遵循。近年来，赣南苏区紧紧围绕老年人需求，着力完善老年健康服务体系，深入推进医养结合，加速健康养老产业建设，科学设置和规划医养结合机构，创新医养结合模式，持续推进农村敬老院消防设施和护理设施建设、改造，配备专业护理人员，进一步增强服务能力和安全管理能力，加大对农村敬老院的改造提升力度，把县级福利院打造成城乡特困失能老年人集中照护机构。截至 2020 年 10 月底，赣南老区共改造提升敬老院、福利院116 个，新增有效养老床位 1.74 万张，其中护理型床位 6140 张，较好地改善了特困人员的生活环境，有效提升了照顾服务护理能力[2]。

消防安全方面，重点开展了消防安全"三推广"活动，即推广微型消防站、推广独立感烟报警器、推广简易喷淋装置，将消防设施改造落到实处。食品安全方面，严把食材采购关、全面建立食品留样制度，确保养老院食品安全有保障。环境安全方面，重点实施了标准化改造提升工程，打造了一批标准化的农村敬老

---

① 赣州完善医保政策措施　群众尽享改革红利 ［EB/OL］. 客家新闻网，http：//www.xgdw.gov.cn/n338660/n14011573/c31892781/content.html，2020-12-29.

② 赣州市新增有效养老床位 1.74 万张 ［EB/OL］. 赣南日报，https：//jxgz.jxnews.com.cn/system/2020/10/31/019084909.shtml，2020-10-31.

院，为老人提供更加舒适、宜居的生活环境。

同时，积极推动有条件的民办养老机构兴办医疗机构，引导乡镇敬老院采取兴办医务室或与卫生院签订合作协议的方式，实现医养结合。截至 2020 年，整个赣州市有 155 家养老机构已内设医疗机构或医务室，166 家养老机构与当地医疗机构签订了合作协议，已基本实现医养结合全覆盖。聚焦农村特困失能人员护理难题，把县级福利院打造成城乡特困失能老年人集中照护机构，鼓励有条件的县（市、区）按每人每月 1000 元的标准增加护理经费，配备必要的医护人员，着力推动集中照护。2019 年兴国县特困失能人员集中照护编入中共中央组织部干部培训典型案例。截至 2020 年 10 月，赣州市已实现农村特困失能人员集中照护的县（市、区）有 19 个，2020 年底即可实现全覆盖。

三、深入推进市域治理现代化

为加快推进高质量共享发展，赣南老区坚持党建引领，加快构建城乡基层社会治理格局，高质量完成全国市域社会治理现代化试点任务，探索市域社会治理新模式。近年来，赣州市章贡区按照"补短板、强弱项、创特色、走前列"的要求，以开展市域社会治理现代化工作为抓手，破难题、抓创新，积极打造"章贡大妈"志愿者服务品牌，探索实施"一村（社区）一队"工作做法，努力打造共建共治共享的社会治理新格局，走出一条基层社会治理新路子，不断夯实平安章贡的根基。

（一）治理格局转变：从"单一管理"到"多元治理"

"一村（社区）一队"，赣州市章贡区打造共建共治共享的社会治理新格局。整合人员力量方面，在赣州市配备"一村（社区）一警（辅警）"的基础上做加法，成立由 1 名法官、1 名检察官、1 名律师、1 名民（辅）警、1 名"老师傅"调解员、1 名原籍干部和 1 名心理咨询师组成的具有章贡特色的"一村（社区）一队（平安建设工作队）"；健全工作机制方面，建立健全各项工作制度和考核机制，实现管理常态化，每季度召开一次研判会，研究解决工作队工作中遇到的各类问题，做到了信息互通、优势互补、联动融合；明确工作职责方面，适时开展集中培训，工作队员做到职责明确，各部门积极参与配合化解各村（社区）矛盾纠纷，积极开展"平安夜话"活动，形成"多部门协同联合"调解纠纷工作格局，真正实现了矛盾信息早发现、早报告、早干预、早处置。

（二）治理重心转移：从"就事论事"到"心理疏导"

近年来，赣州市章贡区深入推进社会心理服务体系建设，把加强社会心理服务疏导和危机干预作为创新社会治理、化解社会矛盾、防控社会风险、深化平安章贡建设的重点，在全区搭建"四层"网络，编织心理服务网。章贡区健全了基层网格服务网，完善了教育系统服务网，逐步推进企业事业网，打造心理援助平台网，在江西省率先实现了各行业、各群体心理服务全覆盖。截至2020年底，章贡区依托区、镇（街道）、村（居）三级综治中心，建成心理咨询室149个，心理服务室18个；开展民情走访206起，个案服务50人次，心理科普20场，团辅11场，讲座70场，矛盾调解7起，社会心理需求调研工作座谈会1次；通过网络、手机App、微信公众号、抖音等新媒体宣传普及心理健康知识，公众号发布心理科普和活动文章近50篇，提供心理热线咨询451人次，线上公益讲座14场，线下"六进"活动33场①。

参考文献

［1］曹桂香，张兵红．基于新发展理念的高质量江西现代化经济体系发展［J］．绿色科技，2018（22）：209-210.

［2］胡祥明．"五大发展理念"统领下的科协创新发展战略研究［J］．学会，2017（1）：14-24.

［3］陈果，边俊杰．中部省份革命老区国家级经济技术开发区降成本成效与政策分析——以江西赣州为例［J］．企业经济，2020（3）：138-144.

［4］朱丽卉．马克思社会发展理论及其时代价值［D］．兰州大学硕士学位论文，2009.

［5］刘德中．以习近平理念为指导实现中华民族伟大复兴［J］．探求，2017（3）：5-10，17.

［6］赵修渝，黄仕川．以科学发展观促进重庆城乡教育统筹的路径初探［J］．西南大学学报（社会科学版），2009，35（5）：137-140.

［7］江西省人民政府办公厅关于印发江西省乡村教师支持计划（2015-2020年）实施办法的通知［J］．江西省人民政府公报，2016（1）：25-29.

［8］陈佩弦，张金明．南京市美丽乡村的城乡一体化路径与推进机制探讨［J］．安徽农业科学，2013，41（24）：10059-10062.

---

① 创新理念夯实平安章贡根基［EB/OL］．金台资讯，https://baijiahao.baidu.com/s?id=1686226829465912695&wfr=spider&for=pc，2020-12-16.

［9］肖月强，黄萍，刘东升．城乡充分就业长效机制建立中的政府作为研究［J］．农村经济，2006（11）：118-120.

［10］毛雪梅．建立经济发展和扩大就业联动机制的探索［J］．四川劳动保障，2015（11）：31.

［11］江彩霞，邱志军．强化农村基层治理　打造共建共治共享治理格局［N］．中国社会科学报，2020-03-10（005）.

第四章　经济高质量发展的理论基础

第一节　经济高质量发展的内涵

党的十九大报告作出了中国特色社会主义进入了新时代的宣言，中国正处在转变发展方式、增长动能转换和产业结构优化升级的关键期，经济已由高速增长阶段进入高质量发展阶段。高质量发展是 2017 年党的十九大首次提出的新表述，是以习近平同志为核心的党中央根据国际国内环境变化做出的重大判断。党的十九大报告阐释了经济高质量发展的内涵：推动经济高质量发展，要把重点放在推动产业结构转型升级上，转变发展方式，实现集约型经济增长，提高全要素生产率，努力改变劳动密集型产业多资本科技密集型产业少、低端产业多高端产业少、传统产业多新兴产业少的状况，重新构建多元发展、多级支撑的发展新格局，充实发展内涵，以更充分更平衡为目标，增进人民福祉，满足人民日益增长的对美好生活的需求。

最早可追溯到经济发展质量的相关概念是"可持续发展"。1980 年，国际自然保护同盟在制定《世界自然保护大纲》时提出"可持续发展"概念，这是应对社会经济发展需求和时代变迁产生的新发展观。可持续发展意味着合理利用、维护和提升自然资源基础，这种基础支撑着生态抗压力和经济的增长。从中国国情、环境状况与发展水平的实际情况出发，中国政府在 1994 年颁布了《中国 21 世纪议程——中国 21 世纪人口、环境与发展白皮书》，提出了可持续发展的总体战略，强调了可持续发展对于中国经济发展的重要性。2012 年，中国政府正式发布《中华人民共和国可持续发展国家报告》，提出推进经济可持续发展的重大决策是转变经济发展方式和优化经济结构，重要着力点是建立资源节约型和环境友好型社会，核心要求是保障和改善民生，不竭动力是科技创新，基本保障是深化体制改革和扩大对外开放与合作，进一步推进可持续发展战略。

梳理相关研究文献发现，从效率的角度看，研究早期使用"效益"或"效率"来表示对经济发展质量的追求，高质量发展是实现高效率的可持续发展，效率就是以最少的要素投入获得最大的产出，实现资源优化配置，使经济资源得到最大化利用。以经济学术语表述来看，经济高质量发展就是以高效益和高效率的生产方式为全社会持续且公平地提供高质量的产品和服务，是一个高质量、高效率和高稳定性的供给体系，能够实现长期效益与短期效益之间的平衡、质量和速度的协调，既表现为要素配置效率利用率高，如实现绿色低碳发展、产能利用率高和投入产出效率高等，也表现为适当激励微观经济主体，促进各种微观经济主体之间的利益协同。技术创新和制度创新是经济有效率的两大必要因素，技术创新的目标是最大力度地发挥各要素投入作用，技术创新就是要努力发展将废弃物转变为资源的技术，使之效率更高，并应用于资源循环利用，降低经济成本，提高循环经济效益；制度创新的目的是有效调动各要素来发挥最大作用，把环境作为生产要素纳入经济制度中，提高环境利用的成本，向环境排放任何废弃物都要支付费用。党的十八大以来，习近平总书记多次阐述生态文明建设的战略定位，提出"绿水青山就是金山银山"等发展理念，强调了效率发展的重要性和必要性。

从供需平衡来看，经济高质量发展意味着供给与需求的动态平衡，经济运行和宏观调控的理想目标是供需平衡，供需平衡不仅强调量的相等，结构之间相互匹配也非常关键。供给侧与需求侧是相互联系的，需求引导并决定供给，供给既满足又创造需求，高质量发展是供给结构与需求结构在相互影响之中实现动态平衡。推动高质量发展，必须从供给和需求相结合的角度，不断提高产品质量和服务质量，促进供需匹配。现在中国经济运行的主要矛盾主要体现在供给侧，供给侧结构性问题的具体体现是供给结构不能适应需求结构的变化，这主要是由长期失衡的需求结构引致的，因此中国要坚持供给侧结构性改革战略方向，提高供给体系对国内需求的适配性，以高质量供给引领和创造新需求，优化产业结构，使中国的产业结构均衡化、合理化，解决产业供给、产品供给、企业供给和要素供给质量提升等供给问题，将产业升级与提高居民生活水平相结合，不断满足国内居民对高品质产品与服务的需求。

从具体内容来看，早期对于经济的研究主要集中在经济规模增长，随着经济质量问题的出现，经济增长质量引起学术界的关注，理解高质量发展的内涵是有效推进经济高质量发展的基础，但不同学者对经济高质量发展的定义不同。高质量发展意味着经济发展不只限于追求量，而是量质齐升，高质量反映的是经济增长的优劣程度，是质和量相协调的结果；高质量发展阶段比高速增长阶段有更高的要求，经济高质量发展不仅与经济相关，还需要综合分析社会、民生、生态等指标情况。除经济发展外，任保平和文丰安（2018）认为新时代中国高质量发展的内涵还应包括人民生活、科技创新、生态环境保护、城乡建设、资本积累和技术进步等方面。经济高质量发展的本质是经济效率的提高，陈晓雪和时大红（2019）从"五大发展理念"出发，从创新、协调、绿色、开放、共享、有效六个维度阐述高质量发展。王彤（2018）根据新发展理念认为，中国推动经济高质量发展的宏观路径就是围绕创新、协调、绿色、开放、共享五个方面来展开。

综合各类有关经济高质量发展的内涵文献发现经济高质量发展主要包括人民生活、生态环境、科技创新、产业结构、对外开放等方面。从人民生活角度来看，经济发展质量的高低，最终是以经济发展能否满足人民日益增长的美好生活需要为准则，对美好生活的需要不仅是指简单的物质需要，也逐渐表现为人全面发展的需要。对于人的关注不应停留在收入方面，更应该体现在精神、文化等方面，因此，高质量发展指标应该直接体现人民向往的目标和经济发展的根本目的。在生态环境方面，环境问题是当今影响中国经济发展的重要课题。从经济高质量的要求出发，以知识和技术创新为手段研发技术，有效保护环境，控制环境污染，进行绿色开发，实现经济生态性、可持续的有机发展，将掠夺式经济发展模式转变为可持续经济发展模式，才是国家经济高质量发展的前途之路。在科技创新方面，党的十七大强调了提高自主创新能力和建设创新型国家的重要性。高质量发展是以创新为驱动的经济增长模式，科技创新是经济高质量发展的核心动力，是提高综合国力的关键，以创新为驱动的经济发展更具竞争力，高质量发展离不开科技的推进，以互联网、物联网、大数据、人工智能、5G、云计算等新技术为代表的数字经济，近年来持续迸发出引领时代的巨大能量，成为新一轮科技革命和产业变革的主力军，是高质量发展的重要推动力。从对外开放来看，中国坚持改革开放政策40多年，创造出了经济增长的奇迹。经济高质量发展还需要我们进一步深化改革开放，紧跟全球趋势，重点放在"一带一路"建设上，继续坚持"引进来"和"走出去"并重，扩大与各国的双向投资与贸易往来，贯彻落实高贸易和投资自由化和便利化政策，促进全面开放新格局的形成，通过共建更加开放的世界经济体，实现各国互利共赢，实现中华民族伟大复兴和构建人类命运共同体。从产业结构来看，在中国经济由高速增长转向高质量发展的新阶段，推动制造业转型升级，加快制造业强国建设，是实现高质量发展的重要路径。经济高质量发展的核心是兼具高质量、高效率和高稳定性的供给体系。质量高是指要素投入、中间产品和产出三个环节的质量都要达到高要求并且相互联系，效率高不仅要求技术效率高和经济效益高，而且强调持续的动力，稳定性高是指经济、社会和环境相协调、风险可控和成果共享，经济高质量发展需要同时具备这三个特点。

第二节　区域经济高质量发展的主要内容

中国经济要实现从高速增长向高质量发展的转变，就需要构建能够全面、客观、准确地反映经济高质量发展水平的评价体系。当前学术界衡量经济高质量发展的指标有所区别，早期部分学者用效率指标衡量经济质量，采用经济全要素生产率等单一经济增长效率指标来衡量经济增长质量，或采用劳动生产率、投资率等单一指标来度量经济发展质量，虽然这些单一指标能从不同的角度来评价经济增长质量，但单纯用效率指标衡量存在一定的片面性和局限性，并不能综合揭示经济高质量发展全貌。以增加值率衡量经济增长质量，会受到门槛边界影响，当增加值率低于该值时，实际增加值率与增长质量呈正比关系，而超出门槛上限时两者则呈反比关系，因而当采用增加值率评价经济增长质量水平时，应考虑增加值率门槛上限。

除经济发展因素外，其他因素也应纳入经济高质量发展的研究范畴。有些学者以新发展理念为指导，从"五大发展理念"出发，构建了涵盖创新发展、协调发展、绿色发展、开放发展和共享发展五个维度的经济高质量发展评价指标体系；杨志安和邱国庆（2019）运用社会福利水平来代表经济高质量发展水平，它涉及经济增长、结构优化、发展质量、收入分配、环境治理、生活质量、劳动就业、公共服务支出、文化教育、卫生健康、区域协调、社会保障、资源消耗、社会安全、科技投入和科技产出16个二级指标，具有较好的代表性。王竹君和任保平（2018）运用三阶段 DEA 模型，将福利变化与成果分配、生态环境保护以及居民经济素质作为外部环境因素，综合评价中国各省份经济质量水平。魏敏和李书昊（2018）侧重考察经济结构的合理性，从经济结构优化、创新驱动发展、资源配置高效、市场机制完善、经济增长稳定、区域协调共享、产品服务优质、基础设施完善、生态文明建设和经济成果惠民 10 个方面构建面向新时代的经济高质量发展水平测度体系，认为通过构建测度体系来综合评价经济增长质量，能够更加客观全面地衡量一国的经济效益。

第三节　影响区域经济高质量发展的主要因素与关键机制

经济新常态背景下高质量发展将成为中国经济发展新的主题，梳理相关文献发现研究主要从基础设施投资、产业结构、经济发展方式、资源效率、创新、生态环境、城市化、财政分权、市场机制、政府制度和金融结构 11 个方面探究经济高质量发展的机理。

一、基础设施投资

基础设施建设具有乘数效应，能带来超出投资额几倍的社会总需求和国民收入。完善的基础设施是一个地区经济可持续发展的基础，潘雅茹和罗良文（2020）通过模型实证分析了基础设施投资能够正向影响经济高质量发展，并且不同类型的基础设施投资对经济高质量发展的推动效果不同。基础设施投资不仅能直接影响经济高质量发展，也可以通过影响产业结构、技术进步和资源配置等间接影响经济高质量发展，同时基础设施投资对经济高质量发展的影响存在门槛效应，通过区域异质性分析，新型基础设施投资在东部、中部和西部三个区域对经济高质量发展均有促进作用，而传统型基础设施和民生型基础设施投资则对中部、东部地区对经济高质量发展具有显著正向作用。

二、产业结构

产业结构是指农业、工业和服务业在一国经济结构中所占的比重。经济增长结构主义观点认为，经济增长是生产结构转变的一个方面，资本和劳动从生产效率较低的部门转移到生产效率较高的部门可以加速经济的增长，产业结构与经济增长存在密切联系。但关于经济高质量发展和产业结构之间具体关系的研究则存在争议，国内外学者采用不同地区的数据进一步分析了产业结构升级与经济发展质量的关系，但结果存在差异，大部分学者的研究结果证实了产业结构调整对经济发展质量有显著的提升作用。一方面，由理性人假设可知，要素追求的是利润最大化，因此要素在不同部门（地区）之间的流动能够提高要素的效率，从而推动经济高质量发展；另一方面，产业结构的调整优化了要素配置结构，从而提高了整个地区（部门）的全要素生产率，进而促进地区（部门）经济高质量发展。也有学者提出产业结构高级化与城市经济高质量发展水平之间存在显著的"U"形关系，具有显著的结构红利。近年来，中国实体经济面临的一大问题是结构性失衡，其制约了中国提升经济增长质量和转变经济发展方式的进程，因此，建立合理的经济结构是推进经济高质量发展的关键。但有学者提出不同的观点，认为产业结构升级对经济发展质量提升的作用不显著，甚至认为产业结构调整会不利于经济高发展质量。

三、经济发展方式

经济发展方式一般是指通过生产要素变化包括数量增加、结构变化、质量改善等，来实现经济增长方式的转变，经济发展方式的选择决定了产出效益。现有文献主要把全要素生产率对经济发展质量的贡献作为经济发展方式选择或者转换的主要标准，并认为在一定阶段，转变经济发展方式是经济发展质量提高的直接原因。转变经济发展方式是中国经济社会领域的一场深刻变革，必须贯穿经济社会发展的全过程与各领域，提高发展的全面性、协调性和可持续性。转变经济发展方式不仅包括生产力发展方式的转变，还涉及社会发展和社会经济关系发展的内容，加快转变经济发展方式要走科学发展道路，更加注重以人为本、全面协调可持续发展、保障和改善民生，促进社会公平正义。

四、资源效率

资源效率是衡量经济高质量发展的标准之一，同时也是判断经济可持续增长的基本条件。合理的资源配置效率能提高全要素生产率和促进经济发展。叶文库和楼东玮（2014）基于1998~2005年不同地区的面板数据，证明了若中国制造业采用更加合理的劳动力和资本配置方式，全要素生产率将提高30%~50%，但资源配置扭曲导致中国全要素生产率在这一期间年均下降了30%。

五、创新

创新是引领经济高质量发展的主要动力，同时是建设现代化经济体系的战略支撑。研究表明，创新是影响经济高质量发展的重要因素，也是形成区域差异的主要因素，科技创新、文化创新、制度创新等对经济高质量发展都存在重要影响。中国经济高质量发展是一个动态过程，要实现经济高质量发展的目标，需要依靠创新提高整个社会的全要素生产率和资源要素的整体协同程度，构建以企业为主体、市场为导向、产学研深度融合的新时代技术创新体系，同时要完善支持以核心技术为创新的财税体系和金融体系，培育和优化创新生态环境，在开放合作中推进核心技术创新能力的提升，推进全球技术治理体系的建设，实现经济高质量发展。

六、生态环境

生态环境在经济高质量发展过程中具有重要的地位，保护生态环境与经济发展是相辅相成、有机统一的，以资源消耗、环境污染为代价的发展，会使经济发展陷入先污染后治理的恶性循环，严重制约经济高质量发展。在强调生态环境保护与经济协调发展之后，生态环境成为衡量经济发展质量的重要指标，研究也证实了经济发展与生态环境是相互影响的关系：一方面，经济的发展在一定程度上加剧了环境污染；另一方面，生态环境质量的下降也限制着经济发展质量，只有生态环境与经济协调发展，才能推动经济高质量发展。相关研究证实雾霾污染显著降低了中国经济发展的质量，政府对环境的治理能够显著促进经济高质量发展，党的十八大以来环境治理的成效对经济高质量发展的提升效应越来越显著。

七、城市化

城市化是衡量一个地区经济发展的重要指标，城市化率的提高对于本地区的经济发展质量具有明显的促进作用。近年来，随着城市化进程的推进，城市可持续发展和高质量发展成为许多学者研究的重点问题，城市化在中国经济发展中所处的地位越来越重要。人力资本累积是城市化推进经济增长质量的重要途径，经济增长质量离不开城市化与人力资本的交互机制，城市具有显著的集聚效应和规模效应，社会生产要素越集中，城市对周边劳动力的吸引力和辐射力就越明显，人力资本的持续累积能进一步提高经济增长质量。中国人口众多、地域广泛，并且区域发展不平衡，东西部地区城市化发展水平表现出明显落差，迅速推进东部沿海地区的城市化水平提升，不仅是保持东部地区经济稳步发展的需要，也是更好地实现"以东带西"和"全国一盘棋"战略的要求。以往城镇化过程中"不完全城镇化"等现象需要被关注并改正，在高质量发展背景下我们追求的是新型城镇化，一切以人为核心从而提高城镇化质量。

八、财政分权

财政分权是调整中央与地方政府间财政权力关系的一种制度安排，也是中央与地方政府间事权与支出责任划分的重要依据。学术界对财政分权进行了深入研究，但并未得出一致观点。一方面，部分学者认为财政分权极大地调动了地方政府的积极性，得出了财政分权促进经济增长的结论；另一方面，有些学者发现财政分权具有对经济增长不利的方面，中央适当的集权才能更进一步促进地区基础设施的建设和公共品的供给，因而财政分权显著抑制了经济高质量发展，两者之间呈现一定倒"U"形关系。财政分权对经济增长具有跨地区效应，富裕地区的财政分权对经济增长的积极作用要高于贫穷地区，相对于中西部地区，东部地区的财政分权能显著提高经济的增长，存在这种差异的原因主要是东部、中西部的产业结构以及所有制结构不同。因此，为推动经济高质量发展，应着重优化地方政府政绩考核机制，有效约束地方政府扩张性支出行为以及建立良好的财政制度体系。

九、市场机制

市场机制是促进区域经济高质量发展的依据，作为社会主义基本经济制度的组成部分，社会主义市场经济体制只有沿着高质量方向发展，才能够更好地适应经济高质量发展要求，促进区域经济协调发展和经济结构持续优化，切实推动经济发展的三大变革——质量变革、效率变革、动力变革，形成以国内大循环为主体、国内国际双循环相互促进的新发展格局。高质量目标下社会主义市场经济体制建设的基本要求是市场机制有效、微观主体有活力、宏观调控有度，其框架包括高质量的市场经济运行主体、高质量的市场经济运行载体、高质量的市场经济运行机制、高质量的市场经济运行环境、高质量的市场经济宏观调控体系。高质量目标下，社会主义市场经济体制建设的出发点是坚持社会主义市场经济改革方向，保障路径是加强社会主义市场经济伦理道德建设，核心是构建新型社会主义市场经济运行机制，中心是处理社会主义市场经济发展中的重大关系，重点是完善产权制度与要素市场化配置。

十、政府制度

根据西方制度经济学的观点，政府制度是一个国家社会经济发展的根本原因，政府制度供给是促进区域经济高质量发展的保障，制度作为协调政治和经济博弈的基本、稳定的机制，会深刻影响经济的发展。一方面，中央政府有着顶层设计的引领作用，中央政府掌握着对地方官员的人事任免权，制定区域经济高质量发展的战略规划，促进区域经济协调、持续、健康发展，可以有效缓解区域不平衡不充分发展的矛盾；另一方面，中央政府将一些行政权授予地方政府，地方官员必须对所管辖地区的经济和社会事务负责，以更好地结合当地实情推进相关改革措施和政策扶持，更有效地开展协调工作。因此，促进中国区域经济高质量发展必须创新体制机制，强化政府制度供给，形成一套有效的制度体系。

十一、金融结构

林毅夫等将金融结构定义为金融体系内部各种不同的金融制度安排的比例和相对构成，相关研究结果表明，金融结构可以直接影响经济高质量发展，并且金融结构对经济高质量发展的影响存在门槛效应，当金融结构指标低于 0.7366 时，产业专业化集聚对中国经济发展质量的作用较大，越过门槛值 0.7366 后，作用将会有所衰减，合理调整金融结构是促进经济高质量发展的重要路径。金融结构也可以通过改变研发投入间接影响经济高质量发展。刘鹤提出，坚持以服务实体经济为方向，对金融体系进行结构性调整，大力提高直接融资比重，改革优化政策性金融，完善金融支持创新的政策，发挥资本市场对于推动科技、资本和实体经济高水平循环的枢纽作用。金融是现代经济的核心，经济高质量发展离不开金融体系的协同，创新活动高度依赖于金融系统，金融结构应随着经济发展模式的转型而调整，服务于经济高质量发展，因此推动金融供给侧改革、构建与创新驱动相适应的金融结构，是实施创新驱动发展战略的当务之急。

第四节 中国经济高质量发展的
综合评价及差异性分析

中国区域经济发展经历了均衡发展—非均衡发展—协调发展—多极统筹发展的阶段，取得了显著成就，但依然存在区域经济差距持续扩大、产业结构不合理、区域经济不协调不充分等问题，这些问题制约着经济由高速增长阶段向高质量发展阶段的转变。为了解决这些问题和实现区域经济高质量发展的目标，2018

年发布的中央一号文件提出实施区域协调发展战略，构建区域协调发展体系，这为促进中国区域经济向高质量发展提供了政策支持。深入剖析中国区域经济高质量发展的空间格局和区域差异，有助于揭示中国经济发展的"短板"，体现中国制度优势，破除区域资源流动障碍，优化区域之间资源配置，提高中心城市综合承载能力，加强其对周围区域的辐射带动作用，促进区域之间经济高质量协同发展。

对于中国经济高质量发展水平的分布格局，梳理相关文献发现由于学者构建的高质量经济发展指标体系存在差异，所以结果存在差异，但大部分结论表明中国区域经济高质量发展水平呈现"东高西低"的分布格局，与东部地区相比，中西部地区的经济高质量发展水平一直处于落后地位。陈晓雪和时大红（2019）"五大发展理念"从创新、协调、绿色、开放、共享、有效六个维度构建了中国社会经济高质量发展指标体系，运用综合指数法对中国 2007~2017 年 30 个省区市的社会经济高质量发展水平进行综合性评价和差异性分析，结果发现：2007~2017 年中国经济高质量发展水平呈现逐年上升的趋势；经济高质量发展水平仍然存在区域差异，但差异呈现逐年缩小的趋势，同时中西部地区社会经济高质量发展综合指数的增速显著低于东部区域，差异程度逐渐增大。肖德和于凡（2021）认为城市群作为推进经济发展的中坚群体，将成为中国经济高质量发展的重要引擎。他们基于五大发展理念，构建了经济高质量发展指标体系，选取了 2010~2017 年包括京津冀、长三角、珠三角、哈长、成渝、长江中游、中原和北部湾八大城市群共 138 个城市的数据，结果表明：从总体来看，中国八大城市群 2010~2017 年经济高质量经济发展水平稳步增长，呈现非均衡、阶梯状的分布格局，形成了以经济高质量发展水平较高的大城市为核心的"核心—边缘"空间格局，中国城市群差异未能表现出严格的递减趋势，总体协同性较弱；从区间差异看，各个城市群内部处于不同水平，并呈差异化的演变趋势。

参考文献

［1］金碚. 关于"高质量发展"的经济学研究［J］. 中国工业经济，2018（4）：5-18.

［2］丁任重. 关于供给侧结构性改革的政治经济学分析［J］. 经济学家，2016（3）：13-15.

［3］赵华林. 高质量发展的关键：创新驱动、绿色发展和民生福祉［J］.

中国环境管理，2018，10（4）：5-9.

　　[4] 许岩．建立完善统计指标体系　助推经济高质量发展 [N]．证券时报，2017-12-28（007）.

　　[5] 任保平，文丰安．新时代中国高质量发展的判断标准、决定因素与实现途径 [J]．改革，2018（4）：5，16.

　　[6] 陈晓雪，时大红．中国30个省市社会经济高质量发展的综合评价及差异性研究 [J]．济南大学学报（社会科学版），2019，29（4）：100-113.

　　[7] 王彤．中国区域经济高质量发展研究报告（2018）[M]．北京：经济管理出版社，2018.

　　[8] 刘志彪．理解高质量发展：基本特征、支撑要素与当前重点问题 [J]．学术月刊，2018，50（7）：39-45，59.

　　[9] 罗良文，赵凡．工业布局优化与长江经济带高质量发展：基于区域间产业转移视角 [J]．改革，2019（2）：27-36.

　　[10] 华坚，胡金昕．中国区域科技创新与经济高质量发展耦合关系评价 [J]．科技进步与对策，2019，36（8）：19-27.

　　[11] 王慧艳，李新运，徐银良．科技创新驱动中国经济高质量发展绩效评价及影响因素研究 [J]．经济学家，2019（11）：64-74.

　　[12] Jahanger Atif. Influence of FDI characteristics on high-quality development of China's economy [J]. Environmental Science and Pollution Research, 2021（28）: 18977-18988.

　　[13] 何冬梅，刘鹏．人口老龄化、制造业转型升级与经济高质量发展——基于中介效应模型 [J]．经济与管理研究，2020，41（1）：3-20.

　　[14] 国家发展改革委经济研究所课题组．推动经济高质量发展研究 [J]．宏观经济研究，2019（2）：5-17.

　　[15] Mei Linhai, Chen Zhihao. The convergence analysis of regional growth differences in China: The perspective of the quality of economic growth [J]. Journal of Service Science and Management, 2016, 9（6）: 453-476.

　　[16] 李平，付一夫，张艳芳．生产性服务业能成为中国经济高质量增长新动能吗 [J]．中国工业经济，2017（12）：5-21.

　　[17] 陈诗一，陈登科．雾霾污染、政府治理与经济高质量发展 [J]．经济研究，2018，53（2）：20-34.

　　[18] 刘瑞翔．中国的增加值率为什么会出现下降？——基于非竞争型投入

产出框架的视角 [J] . 南方经济, 2011 (9)：30-42.

[19] 范金, 姜卫民, 刘瑞翔. 增加值率能否反映经济增长质量？[J] . 数量经济技术经济研究, 2017, 34 (2)：21-37.

[20] Li Xiaosheng, Lu Yuling, Huang Ruting. Whether foreign direct investment can promote high-quality economic development under environmental regulation：Evidence from the Yangtze River Economic Belt, China [J] . Environmental Science and Pollution Research, 2021, 28 (17)：21674-21683.

[21] 杨志安, 邱国庆. 财政分权与中国经济高质量发展关系——基于地区发展与民生指数视角 [J] . 财政研究, 2019 (8)：27-36.

[22] 王竹君, 任保平. 基于高质量发展的地区经济效率测度及其环境因素分析 [J] . 河北经贸大学学报, 2018, 39 (4)：8-16.

[23] 魏敏, 李书昊. 新时代中国经济高质量发展水平的测度研究 [J] . 数量经济技术经济研究, 2018, 35 (11)：3-20.

[24] 潘雅茹, 罗良文. 基础设施投资对经济高质量发展的影响：作用机制与异质性研究 [J] . 改革, 2020 (6)：100-113.

[25] Bosworth B. , Collins S. M. Accounting for growth：Comparing China and India [J] . Journal of Economic Perspectives, 2008, 22 (1)：45-66.

[26] 张红霞, 王悦. 经济制度变迁、产业结构演变与中国经济高质量发展 [J] . 经济体制改革, 2020 (2)：31-37.

[27] Michael Peneder. Industrial structure and aggregate growth [J] . Structural Change and Economic Dynamics, 2003, 14 (4)：427-448.

[28] 崔敏, 赵增耀. 服务业内部结构异质性与高质量发展路径——基于全要素生产率视角 [J] . 山西财经大学学报, 2020, 42 (6)：73-86.

[29] 孙学涛. 产业结构变迁对城市经济高质量发展的影响研究 [J] . 中国科技论坛, 2021 (7)：86-96.

[30] 陶新宇, 靳涛, 杨伊婧. "东亚模式" 的启迪与中国经济增长 "结构之谜" 的揭示 [J] . 经济研究, 2017, 52 (11)：43-58.

[31] 韩永辉, 黄亮雄, 王贤彬. 产业结构优化升级改进生态效率了吗？[J] . 数量经济技术经济研究, 2016, 33 (4)：40-59.

[32] Eichengreen B. , Gupta P. The two waves of service-sector growth [J] . Oxford Economic Papers, 2013 (1)：96-123.

[33] Bai J. H. , Wang L. D. Does the innovation driven promote the improvement

to economic growth quality ［J］. Studies in Science of Science, 2016, 34 (11)：1725-1735.

［34］叶文库，楼东玮. 资源错配的经济影响效应研究［J］. 经济学动态，2014 (11)：47-57.

［35］洪银兴. 论创新驱动经济发展战略［J］. 经济学家，2013 (1)：5-11.

［36］张治河，郭星，易兰. 经济高质量发展的创新驱动机制［J］. 西安交通大学学报（社会科学版），2019, 39 (6)：39-46.

［37］沈敏. 现代化经济体系的双擎驱动：技术创新和制度创新［J］. 财经科学，2018 (8)：56-67.

［38］辜胜阻，吴华君，吴沁沁，余贤文. 创新驱动与核心技术突破是高质量发展的基石［J］. 中国软科学，2018 (10)：9-18.

［39］袁晓玲，李朝鹏，方恺. 中国城镇化进程中的空气污染研究回顾与展望［J］. 经济学动态，2019 (5)：88-103.

［40］李恺，上官绪明. 税收竞争、环境治理与经济高质量发展——基于空间 Durbin 模型的实证分析［J］. 当代经济科学，2021, 43 (3)：118-128.

［41］Hu Guangxiao, Ma Xiaoming, Ji Junping. Scenarios and policies for sustainable urban energy development based on LEAP model-A case study of a postindustrial city：Shenzhen China ［J］. Applied Energy, 2019 (238)：876-886.

［42］任保平，李禹墨. 新时代中国高质量发展评判体系的构建及其转型路径［J］. 陕西师范大学学报（哲学社会科学版），2018, 47 (3)：104-113.

［43］徐霜北，韩玲慧. 转轨经济、软预算约束与财政分权［J］. 中南财经政法大学学报，2006 (2)：45-50.

［44］Zhang Tao, Zou Heng-fu. Fiscal decentralization, public spending and economic growth in China ［J］. Journal of Public economics, 1998, 67 (2)：221-240.

［45］乔宝云，范剑勇，冯兴元. 中国的财政分权与小学义务教育［J］. 中国社会科学，2005 (6)：37-46.

［46］王文剑，覃成林. 地方政府行为与财政分权增长效应的地区性差异——基于经验分析的判断、假说及检验［J］. 管理世界，2008 (1)：9-21.

［47］任保平. 高质量目标下社会主义市场经济体制建设的基本要求、框架与路径［J］. 中国高校社会科学，2020 (2)：12-18.

［48］黄永明，姜泽林. 金融结构、产业集聚与经济高质量发展［J］. 科学

学研究，2019，37（10）：1775-1785.

［49］刘波，胡宗义，龚志民．金融结构、研发投入与区域经济高质量发展［J］．云南社会科学，2021（3）：84-92.

［50］Du Jianguo, Zhang Jing, Li Xingwei. What is the mechanism of resource dependence and high‐quality economic development? An Empirical test from China ［J］. Sustainability, 2020, 12（19）：1-17.

［51］肖德，于凡．中国城市群经济高质量发展测算及差异比较分析［J］．宏观质量研究，2021，9（3）：86-98.

实证篇

第五章 赣南老区经济高质量发展水平测度与评价

近年来,赣南老区始终坚持新发展理念,把握政策窗口期、追求发展高质量,采取了一系列打基础、利长远的重大举措,坚定不移推动高质量发展,赣州市经济稳中有进、进中向好的态势不断巩固。2015~2020年,赣州市 GDP 增幅连续五年居江西省第一,增速持续高于全国、全省平均水平,跃居全国百强城市第66位,第三产业占 GDP 比重首次突破50%,贡献地区生产总值的"半壁江山";赣州市连续四年获江西省高质量发展考评第一名。① 科学评估赣南老区经济高质量发展的客观水平,有助于摸清赣南老区经济发展的现实情况,为新时代进一步推进赣南老区经济高质量发展提供科学依据和政策引导。

第一节 赣南老区经济高质量发展水平测度方法

关于高质量发展水平的测度,学术界进行了有益探索,研究成果也较为丰富,但是目前尚未有统一明确的关于经济高质量发展水平的测度指标,较有代表性的是采用以下两大类方法对经济高质量发展水平进行评估。

一类是建立高质量发展水平的综合评价体系对全国或者区域高质量发展水平进行测度和评估(魏敏、李书昊,2018;马茹等,2019;何冬梅、刘鹏,2020)。徐瑞慧(2018)、徐盈之和童皓月(2019)、师博和任保平(2018)从经济发展的基本面、社会方面和生态方面构建高质量发展体系,但是这种方法构建的高质量发展

---

① 赣州地区生产总值增幅连续五年全省第一 [EB/OL]. 中国江西网,2021-10-14.

体系着重研究经济"增长质量"和经济"发展质量",因此,并没从本质上与Mlachila等(2017)构建的经济增长质量指标体系区分开来。徐志向和丁任重(2019)、方大春和马为彪(2019)、李梦欣和任保平(2019)从"创新、协调、绿色、开放、共享"五大新发展理念着手构建高质量发展综合评价指标体系。陈丽娴和魏作磊(2016)、随洪光等(2017)、周瑾等(2018)从经济增长效率、结构、稳定性、协调性和可持续性等多个维度构建高质量发展综合评价体系。还有学者从高质量发展的内涵和外延出发构建了更加具体的高质量发展评价体系。例如,魏敏和李书昊(2018)从产业结构、创新驱动、资源配置和市场机制等十个方面构建了高质量发展的综合评价体系,马茹等(2019)从高质量供给与需求、经济运行效率与机制和对外开放等五个维度构建了区域高质量发展的评价指标体系,李金昌等(2019)尤其关注社会福利的变化与分配,构建了"社会不安定指数""社会满意度指数""民生满意度"等关于社会民生满意度的测评指标,聂长飞和简新华(2020)从"四高一好"(即产品和服务质量高、经济效益高、社会效益高、生态效益高和经济运行状态好)的角度构建了高质量发展评价体系,张涛(2020)则是从企业、行业、区域三个维度出发构建了具有动态性和异质性的高质量发展指标体系。总的来说,从理论上看,高质量发展综合评价指标体系的细化和具体化确实能够更加全面、更加科学地测度地区高质量发展水平,但是从具体研究方法来看,综合评价指标体系的构建必须要对不同指标赋予权重,现有的研究多是使用主观赋权法(师博、任保平,2018;李梦欣、任保平,2019)和客观赋权法中的主成分分析法、因子分析法及熵值法(李子联、王爱民,2019;魏敏、李书昊,2018;徐志向、丁任重,2019;方大春、马为彪,2019)等,主观赋权法的主要问题是赋权和评价不够客观,而主成分分析法或者熵值法虽然赋权较为客观,但是主成分分析法提取的主成分往往难以给出符合客观实际的现实依据,而熵值法更加适用于静态评价问题(肖祎平等,2018)。此外,从实际操作层面,很多具体的细化指标较难测度,指标体系的可操作性和深度性还有待进一步改进。

另一类主要是从劳动生产率(陈诗一、陈登科,2018;范庆泉等,2020)、全要素生产率(TFP)(刘思明等,2019;张月友等,2018;贺晓宇、沈坤荣,2018)或者是绿色全要素生产率(刘帅,2019;余泳泽等,2019)的视角对经济高质量发展水平进行测度或者评估。劳动生产率仅从单要素生产率角度考虑,无法全面客观地反映经济社会发展效率,因此劳动生产率并不能完全客观地体现地区高质量发展的真实水平。根据内生增长理论,全要素生产率是实现经济可持续增长的动力源(Young,1995),其中技术进步率是影响地区TFP高低的重要因素（傅晓霞、吴利学，2009；颜鹏飞、王兵，2004；王志刚等，2006），因此全要素生产率是解释地区经济发展差距和收入差距的有力工具。大量的研究发现，生产过程中全要素生产率提高能够带来地区经济发展质量的提升，而且要提升经济发展质量必须要以提高全要素生产率为基础（刘海英等，2004；张长征、李怀祖，2005；戴翔，2015）。当然，也有部分研究认为仅从全要素生产率的角度去衡量经济发展质量是不全面的（钟学义等，2001），有可能会忽略影响经济发展质量的其他因素，尤其是随着国家或者地区经济高速发展，生态环境的问题成为新时代经济高质量发展必须关注的对象，忽略环境因素对经济产出和经济效率进行度量是很难客观且全面评价经济发展质量的，因此，单纯用全要素生产效率来评价经济发展质量可能会导致有偏的结论，对科学经济政策的制定可能存在误导（胡晓珍、杨龙，2011，陈超凡，2016）。于是，将生态环境因素引进全要素生产率的分析框架，即绿色全要素生产率（GTFP）成为研究经济发展差距，推动经济平衡发展和地区高质量发展的有力工具和重要突破口（吴军，2009；胡晓珍、杨龙，2011）。余泳泽等（2019）利用非期望产出的 SBM 模型对城市绿色全要素生产率进行测算，将 GTFP 作为地区经济高质量发展的代理变量，通过对2003~2016 年我国 230 个城市的 GTFP 进行测算发现我国经济高质量发展的区域差异。Xia 和 Xu（2020）运用 GTFP 重新评估了我国各省区市的经济发展质量，通过研究 GTFP 和 GDP 之间的关系发现，绿色发展是当前中国经济实现高质量发展的关键途径。李华和董艳玲（2021）从经济高质量发展内涵出发，运用 U-SE-SBM-DEA 模型和全局参比 ML 指数，构建了包容性绿色索洛模型以及包容性绿色全要素生产率指标测度体系，探究了 2006~2018 年我国 30 个省区市的经济高质量发展水平及差异来源。总的来说，绿色全要素生产效率能够成为评判国家或地区经济绿色高质量发展的重要依据（王兵、刘光天，2015）。

从目前的研究来看，无论是构建评价指标体系研究经济高质量发展，还是运用全要素生产效率或者是绿色全要素生产效率来衡量经济发展质量，对于高质量发展的评价主要还是从全国的大尺度层面或者是省际层面展开，聚焦某一区域的研究尚不多。然而我国幅员辽阔，受自然资源、历史条件等因素影响，我国区域经济发展不平衡的现象一直存在，仅从全国或者省级行政区层面认识我国经济高质量发展问题是不充分的，因此，需要考虑空间因素科学识别地区经济高质量发展差异和演变规律，为深入推进地区高质量发展提供政策依据和实践指导。孙久文（2021）指出，党的十八大以来我国进入了区域协调发展的精准实策期，革命老区成为我国区域协调发展和区域经济高质量发展的关键短板，我国通过缩小政策单元来瞄准更小尺度的区域协调和高质量发展。在新发展理念指导下，国家逐渐加大对革命老区、民族地区、边疆地区等的扶持力度，更加注重区域经济发展的质量与效益、更加注重经济与生态耦合发展，更加注重全要素生产率增长和资源要素的合理配置（李兰冰，2020）。然而现有研究对于区域经济发展的关键，即老区高质量发展水平的测度非常少，亟须加强对老区高质量发展的评价研究。基于前文的分析可知，全要素生产率是经济增长的动力源泉、技术进步的重要衡量指标，是"创新""开放"的重要体现，绿色全要素生产率充分考虑了生态环境的因素，能源和生态环境既是经济高质量的内生因素，也是经济质量提高的刚性约束，体现了"绿色"的发展要求。Zhu 等（2020）从 GTFP 角度研究我国欠发达地区以绿色发展实现绿色赶超的可能性和影响因素，从收敛性角度分析我国欠发达地区经济绿色赶超的发展方式，体现了区域高质量发展中"协调"和"共享"的发展要求。本章在新发展格局背景下，将考虑空间因素和环境因素的绿色全要素生产率作为衡量赣南老区经济高质量发展的代理变量，借鉴上官绪明和葛斌华（2020）的研究方法，通过综合测度赣南老区的绿色全要素生产率来全面和客观评估赣南老区的经济发展质量。

第二节　赣南老区经济高质量发展水平测度模型

运用方向性距离函数，在固定投入的情况下，扩大"好"产出，同时减少"坏"产出，本节对赣南老区的 Malmquist-Luenberger（ML）生产率指数进行核算。通过构造一个既包含"好"产出和"坏"产出的生产可能性集，将资源和环境纳入到生产率的框架中。把每一个考察对象视为一个决策单元，每个决策单元使用 M 种投入 $X = (x_1, \cdots, x_m) \in R_+^M$，有 N 种"好"产出 $Y = (y_1, \cdots, y_m) \in R_+^N$，有 I 种"坏"产出 $B = (b_1, \cdots, b_m) \in R_+^I$，用 $P(x)$ 表示环境技术的生产可能性集为：

$$P(x) = \{(y, b): x canproduce(y, b)\}, \quad x \in R_+^M \tag{5-1}$$

$P(x)$ 满足以下条件：

（1）闭集和凸集；

（2）好产出和坏产出零结合性——如果 $(y, b) \in P(x)$，且 $b = 0$，那么 $y = 0$；

（3）联合弱可处置性——如果 $(y, b) \in P(x)$ 且 $0 \leqslant \theta \leqslant 1$，那么 $(\theta y,$

$\theta b)\in P(x)$；

（4）投入和"好"产出自由可处置性——如果$(y, b)\in P(x)$且$y'\leqslant y$或$x'\geqslant x$，那么$(y', b)\in P(x)$，$P(x) \ P(x')$。

假定第k（$k=1, \cdots, K$）个决策单元在t（$t=1, \cdots, T$）时期的投入产出向量为$(x^{k,t}, y^{k,t}, b^{k,t})$，运用数据包络分析可将环境技术模型转化为：

$$P^t(x^t)=\begin{cases}(y^t, b^t): \sum_{k=1}^{K}\varphi_k^t y_{kn}^t \geqslant y_{kn}^t, \ n=1, \cdots, N\\ \sum_{k=1}^{K}\varphi_k^t b_{ki}^t = b_{ki}^t, \ i=1, \cdots, I\\ \sum_{k=1}^{K}\varphi_k^t x_{km}^t \leqslant x_{km}^t, \ m=1, \cdots, M\\ \varphi_k^t \geqslant 0, \ k=1, \cdots, K\end{cases} \tag{5-2}$$

参照 Chung 等（1997）、Fare 等（2001）和 Luenberger（1992）短缺函数的思想，构造方向性距离函数：

$$\vec{D}_0^t(x^t, y^t, b^t; g)=sug\{\beta: (y^t, b^t)+\beta g\in P^t(x^t)\} \tag{5-3}$$

其中，(x^t, y^t, b^t)为投入和产出向量，$g=(g_{y'}-g_b)$为产出扩张的方向向量，β为"好"产出增长和"坏"产出减少的最大可能数量。方向性距离函数采用非参数线性规划技术来测算决策单元在某个时期与环境产出前沿的距离，为的是要"好"产出增大、"坏"产出减少。根据 Chung 等（1997）提出的方法，第t期到第$t+1$期的 ML 指数可定义为：

$$ML_t^{t+1}=\left[\frac{1+\vec{D}_i^t(x^t, y^t, b^t; g^t)}{1+\vec{D}_i^t(x^{t+1}, y^{t+1}, b^{t+1}; g^{t+1})}\times\frac{1+\vec{D}_i^{t+1}(x^t, y^t, b^t; g^t)}{1+\vec{D}_i^{t+1}(x^{t+1}, y^{t+1}, b^{t+1}; g^{t+1})}\right]^{\frac{1}{2}} \tag{5-4}$$

当$ML_t^{t+1}>1$时，从第t期到第$t+1$期的绿色全要素生产率得到提高；当$ML_t^{t+1}<1$时，绿色全要素生产率下降。

ML 生产率指数可以进一步分解为技术进步率指数 MLTECH 和技术效率变化指数 MLEFFCH：

$$MLTECH_t^{t+1}=\left[\frac{1+\vec{D}_i^{t+1}(x^t, y^t, b^t; g^t)}{1+\vec{D}_i^t(x^t, y^t, b^t; g^t)}\times\frac{1+\vec{D}_i^{t+1}(x^{t+1}, y^{t+1}, b^{t+1}; g^{t+1})}{1+\vec{D}_i^t(x^{t+1}, y^{t+1}, b^{t+1}; g^{t+1})}\right]^{\frac{1}{2}} \tag{5-5}$$

$$MLEFFCH_t^{t+1}=\frac{1+\vec{D}_i^t(x^t, y^t, b^t; g^t)}{1+\vec{D}_i^{t+1}(x^{t+1}, y^{t+1}, b^{t+1}; g^{t+1})} \tag{5-6}$$

根据杨俊和邵汉华（2009）的方法，求解 ML 生产率指数、MLTECH 指数和 MlEFFCH 指数需要借助非参数线性规划技术计算四个方向性距离函数，其中 $\vec{D}_i^t$ (x^t，y^t，b^t；g^t) 和 $\vec{D}_i^{t+1}$ (x^{t+1}，y^{t+1}，b^{t+1}；g^{t+1}) 可以通过求解式（5-7）的线性规划模型得到，$\vec{D}_i^t$ (x^t，y^t，b^t；g^t) 和 $\vec{D}_i^{t+1}$ (x^{t+1}，y^{t+1}，b^{t+1}；g^{t+1}) 可以通过求解式（5-8）的线性规划模型得到。

$$\vec{D}_i^t(x^{t,k'}，y^{t,k'}，b^{t,k'}；y^{t,k'}，-b^{t,k'}) = \max\beta$$

$$s.t. \sum_{k=1}^{K} \lambda_k^t y_{km}^t \geqslant (1+\beta)y_{k'm}^t，m = 1，\cdots，M$$

$$\sum_{k=1}^{K} \lambda_k^t b_{ki}^t = (1-\beta)b_{k'i}^t，i = 1，\cdots，I$$

$$\sum_{k=1}^{K} \lambda_k^t x_{kn}^t \leqslant x_{k'n}^t，n = 1，\cdots，N$$

$$\lambda_k^t \geqslant 0，k = 1，\cdots，K \tag{5-7}$$

$$\vec{D}_i^{t+1}(x^{t,k'}，y^{t,k'}，b^{t,k'}；y^{t,k'}，-b^{t,k'}) = \max\beta$$

$$s.t. \sum_{k=1}^{K} \lambda_k^{t+1} y_{km}^{t+1} \geqslant (1+\beta)y_{k'm}^t，m = 1，\cdots，M$$

$$\sum_{k=1}^{K} \lambda_k^{t+1} b_{ki}^{t+1} = (1-\beta)b_{k'i}^t，i = 1，\cdots，I$$

$$\sum_{k=1}^{K} \lambda_k^{t+1} x_{kn}^{t+1} \leqslant x_{k'n}^t，n = 1，\cdots，N$$

$$\lambda_k^{t+1} \geqslant 0，k = 1，\cdots，K \tag{5-8}$$

其中，λ_k^t 表示第 k 个样本观测值的权重，非负权重表示生产技术是规模报酬不变的。

第三节　赣南老区经济发展质量水平测度评价指标选取

一、投入指标

（一）资本投入

借鉴王兵等（2010）的思路，采用永续盘存法估计出资本存量作为资本投入指标，公式为：

$$k_{t+1}=i_{t+1}+（1-\delta_t）k_t \tag{5-9}$$

其中，δ_t 为 t 期实物资本的折旧率，i_t 为 t 期的固定资本形成总额，k_t 为 t 期的资本存量。固定资本形成总额以 2008 年为基期，采用所在省区市固定资产投资价格指数为价格指数进行平减。折旧率借鉴吴延瑞（2008）所采用的折旧率。

（二）劳动投入

选取年末社会从业人员数作为劳动投入指标（王兵等，2010；朱文涛等，2019）。

（三）能源投入

选用折合成标准煤的能源消耗总量作为能源投入指标。

二、产出指标

（一）"好"产出

选取地区生产总值（GDP）作为"好"产出指标，并以 2008 年为基期平减。

（二）"坏"产出

鉴于数据的可获得性，选取工业废水排放量、工业二氧化硫排放量和工业烟粉尘排放量作为"坏"产出指标，并用熵值法将上述指标合成"坏"产出综合指标（彭小辉、王静怡，2019；张梔、胡艳，2020）。

第四节　赣南老区经济发展质量的测度与评价

根据非参数 DEA 理论框架，将工业"三废"作为"坏"产出纳入方向性距离函数，通过 MATLAB 2014a 软件测算赣州市 2008~2019 年的 ML 生产率指数及其分解，并将赣州市经济发展质量测度结果绘制成图表进行分析（见表 5-1、图 5-1）。

表 5-1　2008~2019 年赣州市 ML 生产率指数及其分解

年份	ML 指数	MLTECH 指数	MLEFFCH 指数	经济产出增长率
2008~2009	1.0121	0.9881	1.0243	0.1187

续表

年份	ML 指数	MLTECH 指数	MLEFFCH 指数	经济产出增长率
2009~2010	1.0108	0.9891	1.0219	0.1904
2010~2011	0.9910	1.0088	0.9823	0.1931
2011~2012	1.0110	0.9890	1.0222	0.1291
2012~2013	1.3042	1.2683	1.0283	0.1093
2013~2014	0.9513	0.9513	1.0000	0.1018
2014~2015	0.9065	0.9065	1.0000	0.0707
2015~2016	0.9153	0.9153	1.0000	0.1182
2016~2017	1.3093	1.3677	0.9573	0.1435
2017~2018	0.8625	0.9052	0.9529	0.1122
2018~2019	1.0095	0.9745	1.0359	0.2376
2008~2019 平均	1.0258	1.0240	1.0023	0.1386

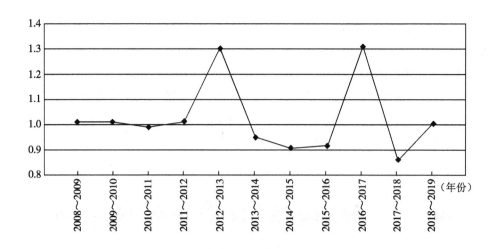

图 5-1 2008~2019 年赣州市 ML 生产率指数

从表 5-1 和图 5-1 中可以看出，2008~2019 年，基于生态环境约束的赣州市绿色全要素生产率并未呈现稳定的增长态势，而是出现了较大波动，上升、下降反复交替出现，其中 2012~2013 年和 2016~2017 年出现大幅上升，2013~2014 年和 2017~2018 年下降幅度较大。总的来说，2008~2019 年，赣州市绿色全要素生产率均值为 1.0258，赣州市绿色全要素生产效率整体呈现上升趋势，年均增长幅度为 2.58%。

从绿色全要素生产率对整体经济增长的贡献率来看，2008～2019 年，赣州市绿色全要素生产率的年增长率平均值为 2.58%，同期，赣州市地区生产总值的年增长率平均值为 13.86%，说明 2008～2019 年赣州市的经济增长中有 18.61% 是由绿色全要素生产率水平提高贡献的。由此可见，生态环境效率约束下的赣州市绿色全要素生产率虽然在 2008～2019 年增长较慢，但赣州市绿色全要素生产效率增长对于经济增长的贡献率相对较高。那么，赣州市绿色全要素生产率的增长对经济增长的贡献，从结构上来看究竟是来自技术进步还是技术效率提高呢? 下面我们将进一步进行分析。

从绿色全要素生产率的结构构成上，将 ML 生产率指数分解为技术进步率指数和技术效率变化指数。2008～2019 年，赣州市技术进步率指数和技术效率变化指数的变化趋势存在较大差异：一方面，赣州市技术进步率指数呈现较大波动，上升和下降反复交替，2012～2013 年和 2016～2017 年出现大幅上升，2017～2018 年下降幅度最大，但赣州市技术进步率指数在 2008～2019 年整体为上升趋势；另一方面，赣州市技术效率指数波动相对较小，2008～2019 年整体在 1.0 上下附近波动，波动幅度小于 5%，整体也呈上升趋势，但平均增长幅度仅为 0.23%（见图 5-2、图 5-3）。结合图 5-1 和图 5-2 可以发现，赣州市技术进步率指数的变化趋势和赣州市绿色全要素生产率指数的变化趋势基本吻合，由此可以初步断定，赣州市绿色全要素生产率的增长主要来源于技术进步。

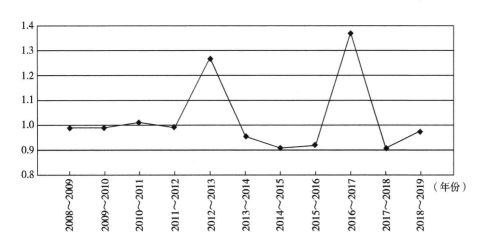

图 5-2　2008～2019 年赣州市技术进步率指数（MLTECH 指数）

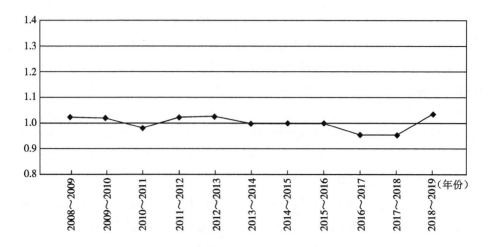

图 5-3　2008~2019 年赣州市技术效率变化指数（MLEFFCH 指数）

这里再将 ML 指数、MLTECH 指数和 MLEFFCH 指数绘制在一张图上，从图 5-4 中可以看出，赣州市 ML 指数和 MLTECH 指数的波动基本拟合，而 MlEFFCH 指数的变化相对平稳，因此可以进一步认为，赣州市绿色全要素生产率的增长对赣州市经济增长的贡献主要来源于技术进步，而非技术效率，由于 2008~2019 年赣州市技术进步率不稳定增长，所以赣州市绿色全要素生产率在 2008~2019 年呈现不稳定增长态势。

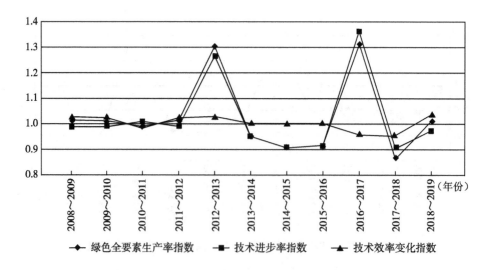

图 5-4　2008~2019 年赣州市 ML 生产率指数及其分解波动拟合

参考文献

［1］Thomas V.，Dailimi M.，Dhareshwar A.，Kaufmann D.，Kishor N.，Lopz R.，Wang Y. The quality of growth［M］. Oxford：Oxford University Press，2000.

［2］Barro R. J. Quantity and quality of economic growth［A］//Loayza N.，Soto R.，et al. Economic growth：Sources，trends，and cycles. Santiago：Central Bank of Chile，2002.

［3］Mlachila M.，Tapsoba R.，Tapsoba S. J. A. A quality of growth index for developing countries：A proposal［J］. Social Indicators Research，2017，134（2）：675-710.

［4］任保平．新时代中国高质量发展的判断标准、决定因素与实现途径［J］．改革，2018（4）：5-16.

［5］李子联，王爱民．江苏高质量发展：测度评价与推进路径［J］．江苏社会科学，2019（1）：247-256，260.

［6］魏敏，李书昊．新时代中国经济高质量发展水平的测度研究［J］．数量经济技术经济研究，2018，35（11）：3-20.

［7］马茹，罗晖，王宏伟，王铁成．中国区域经济高质量发展评价指标体系及测度研究［J］．中国软科学，2019（7）：60-67.

［8］何冬梅，刘鹏．人口老龄化、制造业转型升级与经济高质量发展——基于中介效应模型［J］．经济与管理研究，2020，41（1）：3-20.

［9］徐瑞慧．高质量发展指标及其影响因素［J］．金融发展研究，2018（10）：36-45.

［10］徐盈之，童皓月．金融包容性、资本效率与经济高质量发展［J］．宏观质量研究，2019，7（2）：114-130.

［11］师博，任保平．中国省际经济高质量发展的测度与分析［J］．经济问题，2018（4）：1-6.

［12］徐志向，丁任重．新时代中国省际经济发展质量的测度、预判与路径选择［J］．政治经济学评论，2019，10（1）：172-194.

［13］方大春，马为彪．中国省际高质量发展的测度及时空特征［J］．区域经济评论，2019（2）：61-70.

［14］李梦欣，任保平．新时代中国高质量发展指数的构建、测度及综合评

价 [J]. 中国经济报告, 2019 (5): 49-57.

[15] 陈丽娴, 魏作磊. 服务业开放优化了我国经济增长质量吗 [J]. 国际经贸探索, 2016, 32 (12): 49-63.

[16] 随洪光, 段鹏飞, 高慧伟, 周瑾. 金融中介与经济增长质量——基于中国省级样本的经验研究 [J]. 经济评论, 2017 (5): 64-78.

[17] 周瑾, 景光正, 随洪光. 社会资本如何提升了中国经济增长的质量? [J]. 经济科学, 2018 (4): 33-46.

[18] 李金昌, 史龙梅, 徐蔼婷. 高质量发展评价指标体系探讨 [J]. 统计研究, 2019, 36 (1): 4-14.

[19] 张军扩, 侯永志, 刘培林, 何建武, 卓贤. 高质量发展的目标要求和战略路径 [J]. 管理世界, 2019, 35 (7): 1-7.

[20] 聂长飞, 简新华. 中国高质量发展的测度及省际现状的分析比较 [J]. 数量经济技术经济研究, 2020, 37 (2): 26-47.

[21] 张涛. 高质量发展的理论阐释及测度方法研究 [J]. 数量经济技术经济研究, 2020, 37 (5): 23-43.

[22] 肖祎平, 杨艳琳, 宋彦. 中国城市化质量综合评价及其时空特征 [J]. 中国人口·资源与环境, 2018, 28 (9): 112-122.

[23] 陈诗一, 陈登科. 雾霾污染、政府治理与经济高质量发展 [J]. 经济研究, 2018, 53 (2): 20-34.

[24] 范庆泉, 储成君, 高佳宁. 环境规制、产业结构升级对经济高质量发展的影响 [J]. 中国人口·资源与环境, 2020, 30 (6): 84-94.

[25] 刘思明, 张世瑾, 朱惠东. 国家创新驱动力测度及其经济高质量发展效应研究 [J]. 数量经济技术经济研究, 2019, 36 (4): 3-23.

[26] 张月友, 董启昌, 倪敏. 服务业发展与"结构性减速"辨析——兼论建设高质量发展的现代化经济体系 [J]. 经济学动态, 2018 (2): 23-35.

[27] 贺晓宇, 沈坤荣. 现代化经济体系、全要素生产率与高质量发展 [J]. 上海经济研究, 2018 (6): 25-34.

[28] 刘帅. 中国经济增长质量的地区差异与随机收敛 [J]. 数量经济技术经济研究, 2019, 36 (9): 24-41.

[29] 余泳泽, 杨晓章, 张少辉. 中国经济由高速增长向高质量发展的时空转换特征研究 [J]. 数量经济技术经济研究, 2019, 36 (6): 3-21.

[30] Young A. The tyranny of numbers: Confronting the statistical realities of the

East Asian growth experience［J］. Quarterly Journal of Economics，1995，110（3）：641-680.

［31］ Easterly W.，Levine R. It's not factor accumulation：Stylized facts and growth models［R］. Central Bank of Chile Working Paper No. 164，2002.

［32］傅晓霞，吴利学. 中国地区差异的动态演进及其决定机制：基于随机前沿模型和反事实收入分布方法的分析［J］. 世界经济，2009（5）：41-55.

［33］颜鹏飞，王兵. 技术效率、技术进步与生产率增长：基于 DEA 的实证分析［J］. 经济研究，2004（12）：55-65.

［34］王志刚，龚六堂，陈玉宇. 地区间生产效率与全要素生产率增长率分解（1978—2003）［J］. 中国社会科学，2006（2）：55-66，206.

［35］刘海英，赵英才，张纯洪. 人力资本"均化"与中国经济增长质量关系研究［J］. 管理世界，2004（11）：15-21.

［36］张长征，李怀祖. 中国教育公平与经济增长质量关系实证研究：1978—2004［J］. 经济理论与经济管理，2005（12）：20-24.

［37］戴翔. 服务出口复杂度与经济增长质量：一项跨国经验研究［J］. 审计与经济研究，2015，30（4）：103-112.

［38］钟学义等. 增长方式转变与增长质量提高［M］. 北京：经济管理出版社，2001.

［39］胡晓珍，杨龙. 中国区域绿色全要素生产率增长差异及收敛分析［J］. 财经研究，2011，37（4）：123-134.

［40］陈超凡. 中国工业绿色全要素生产率及其影响因素——基于 ML 生产率指数及动态面板模型的实证研究［J］. 统计研究，2016，33（3）：53-62.

［41］吴军. 环境约束下中国地区工业全要素生产率增长及收敛分析［J］. 数量经济技术经济研究，2009，26（11）：17-27.

［42］Xia Fan，Xu Jintao. Green total factor productivity：A re-examination of quality of growth for provinces in China［J］. China Economic Review，2020，62（5）：101454.

［43］李华，董艳玲. 中国经济高质量发展水平及差异探源——基于包容性绿色全要素生产率视角的考察［J］. 财经研究，2021，47（8）：4-18.

［44］王兵，刘光天. 节能减排与中国绿色经济增长——基于全要素生产率的视角［J］. 中国工业经济，2015（5）：57-69.

［45］孙久文. "十四五"规划与新时代区域经济发展［J］. 中国经济报

告, 2021 (3): 98-104.

[46] 李兰冰. 中国区域协调发展的逻辑框架与理论解释 [J]. 经济学动态, 2020 (1): 69-82.

[47] Zhu Yue, Liang Dapeng, Liu Tiansen. Can China's underdeveloped regions catch up with green economy? A convergence analysis from the perspective of environmental total factor productivity [J]. Journal of Cleaner Production, 2020, 255 (5): 120216.

[48] 上官绪明, 葛斌华. 科技创新、环境规制与经济高质量发展——来自中国 278 个地级及以上城市的经验证据 [J]. 中国人口·资源与环境, 2020, 30 (6): 95-104.

[49] 李华旭, 杨锦琦. 生态环境约束下农业全要素生产率时空变化研究——以江西为例 [J]. 南昌大学学报 (人文社会科学版), 2020, 51 (3): 81-90.

[50] Chung Y. H., Fare R., Grosskopf S. Productivity and Undesirable Outputs: A Directional Distance Function Approach [J]. Journal of Environmental Management, 1997, 51 (3): 229-240.

[51] Fare R., Grosskopf Shawna, Pasurka Carl. Accounting for air pollution emissions in measuring state manufacturing productivity growth [J]. Journal of Regional Science, 2001, 41 (3): 381-409.

[52] Luenberger D. G. Benefit Functions and Duality [J]. Journal of Mathematical Economics, 1992 (21): 461-481.

[53] 杨俊, 邵汉华. 环境约束下的中国工业增长状况研究——基于 Malmquist-Luenberger 指数的实证分析 [J]. 数量经济技术经济研究, 2009, 26 (9): 64-78.

[54] 王兵, 吴延瑞, 颜鹏飞. 中国区域环境效率与环境全要素生产率增长 [J]. 经济研究, 2010, 45 (5): 95-109.

[55] 吴延瑞. 生产率对中国经济增长的贡献: 新的估计 [J]. 经济学 (季刊), 2008 (3): 827-842.

[56] 朱文涛, 吕成锐, 顾乃华. OFDI、逆向技术溢出对绿色全要素生产率的影响研究 [J]. 中国人口·资源与环境, 2019, 29 (9): 63-73.

[57] 彭小辉, 王静怡. 高铁建设与绿色全要素生产率——基于要素配置扭曲视角 [J]. 中国人口·资源与环境, 2019, 29 (11): 11-19.

［58］张桅，胡艳．长三角地区创新型人力资本对绿色全要素生产率的影响——基于空间杜宾模型的实证分析［J］．中国人口·资源与环境，2020（9）：106-120.

第六章　赣南老区经济高质量发展比较分析

　　党的十八大以来，习近平总书记高度重视革命老区的发展，多次深入实地考察调研，并做出重要指示。在新发展理念指导下，国家支持革命老区振兴发展思路发生改变，中央对重点革命老区实施差异化扶持策略，尤其是对交通条件较为落后、经济底子和产业基础较为薄弱的地方，因地制宜地予以全方位支持。2012年《国务院关于支持赣南等原中央苏区振兴发展的若干意见》，提出了财税政策、产业政策、科技政策、教育政策、人才政策、土地政策、对口支援（帮扶）政策以及生态补偿政策等国家支持政策。为贯彻落实《国务院关于支持赣南等原中央苏区振兴发展的若干意见》（国发〔2012〕21号）精神，进一步细化各项政策措施，科学谋划原中央苏区及周边地区振兴发展，2014年国家出台了《赣闽粤原中央苏区振兴发展规划》，规划以原中央苏区为核心，统筹考虑有紧密联系的周边县（市、区）发展，规划范围不等同于原中央苏区范围。规划范围包括：江西省赣州市、吉安市、新余市全境及抚州市、上饶市、宜春市、萍乡市、鹰潭市的部分地区，福建省龙岩市、三明市、南平市全境及漳州市、泉州市的部分地区，广东省梅州市全境（含梅州市梅江区、梅县区、兴宁市、五华县、丰顺县、大埔县、平远县、蕉岭县）及河源市、潮州市、韶关市的部分地区，规划总面积21.8万平方千米。赣南老区是《赣闽粤原中央苏区振兴发展规划》涵盖范围的重要组成部分，有必要对其和《赣闽粤原中央苏区振兴发展规划》涵盖的其他老区进行比较分析，以科学评估赣南老区经济高质量发展状况。

　　参照第五章所述方法，根据非参数 DEA 理论框架，将工业"三废"作为"坏"产出纳入方向性距离函数，通过 MATLAB 2014a 软件测算赣闽粤原中央苏区振兴发展规划范围内的赣州市、吉安市、新余市、抚州市、上饶市、宜春市、萍乡市、鹰潭市、龙岩市、三明市、南平市、漳州市、泉州市、梅州市、河源市、潮州市、韶关市的 ML 生产率指数及其分解，对结果进行整理，进行如下分析：①全面分析赣闽粤原中央苏区经济高质量发展水平的总体变化趋势；②着重分析 2008~2019 年各地区城市经济高质量发展水平的差异和差异来源；③从省域层面（江西省、福建省和广东省）分析赣闽粤原中央苏区经济高质量发展水平的差异和差异来源；④分析赣闽粤原中央苏区振兴发展规划范围全境与非全境覆盖地区经济高质量发展水平的差异；⑤对赣州市经济高质量发展水平与赣闽粤原中央苏区高质量发展整体水平进行对比分析。

第一节 赣闽粤原中央苏区整体经济高质量发展水平分析

赣南老区是赣闽粤原中央苏区中具有典型代表意义的重要组成部分，分析赣闽粤原中央苏区整体经济高质量发展水平，可为客观评估赣南老区经济高质量发展现状提供现实参照。因此，测算赣州市、吉安市、新余市、抚州市、上饶市、宜春市、萍乡市、鹰潭市、龙岩市、三明市、南平市、漳州市、泉州市、梅州市、河源市、潮州市、韶关市这 17 个城市的绿色全要素生产率指数、技术进步率指数、技术效率变化指数的年平均值，利用均值来衡量赣闽粤原中央苏区经济高质量发展的总体水平，并以 17 个城市总经济增长率的年平均值作为赣闽粤原中央苏区相应年份的经济产出增长率，以全面考察赣闽粤原中央苏区绿色全要素生产率在 2008~2019 年的整体变化趋势，具体结果如表 6-1 所示。

表 6-1　2008~2019 年赣闽粤原中央苏区 ML 生产率指数及其分解

年份	ML 指数	MLTECH 指数	MLEFFCH 指数	经济产出增长率
2008~2009	1.0071	0.9990	1.0090	0.1231
2009~2010	1.0232	1.0002	1.0253	0.2000
2010~2011	1.0089	0.9916	1.0202	0.2012
2011~2012	1.0839	1.0723	1.0117	0.0864

续表

年份	ML 指数	MLTECH 指数	MLEFFCH 指数	经济产出增长率
2012~2013	1.2301	1.2260	1.0029	0.1450
2013~2014	0.9810	0.9900	0.9914	0.1014
2014~2015	0.9719	0.9661	1.0073	0.0664
2015~2016	0.9239	0.9118	1.0205	0.0986
2016~2017	1.2098	1.2622	0.9732	0.1141
2017~2018	0.8788	0.8825	0.9962	0.1001
2018~2019	1.0148	1.0254	0.9909	0.1192
2008~2019 平均	1.0303	1.0297	1.0044	0.1232

从表 6-1 中可以看出，2008~2019 年，赣闽粤原中央苏区城市绿色全要素生产率水平整体呈上升趋势，年均增长幅度为 3.03%，但上升趋势并不稳定，上升和下降交替呈现。从绿色全要素生产率增长对经济产出增长的贡献率来看，2008~2019 年，赣闽粤原中央苏区整体的绿色全要素生产率增长率年平均值为 3.03%，同期经济产出增长率的平均值为 12.32%，说明 2008~2019 年赣闽粤原中央苏区经济产出的增长有 24.60% 来源于绿色全要素生产率的增长。

从绿色全要素生产率的结构构成来看，2008~2019 年赣闽粤原中央苏区技术进步率指数的平均增长率为 2.97%，而技术效率变化指数的平均增长率仅为 0.44%。这表明，2008~2019 年赣闽粤原中央苏区绿色全要素生产率的增长更多的是来自技术进步，而非技术效率提高。

以时间为节点，绘制绿色全要素生产率指数及其分解，折线图如图 6-1 所示。从图 6-1 中可以看出，赣闽粤原中央苏区绿色全要素生产率指数和技术进步率指数的变化趋势非常相近，而技术效率变化指数的变化趋势比较平稳。这进一步说明，赣闽粤原中央苏区绿色全要素生产率的增长主要来源于技术进步。

总的来说，2008~2019 年，赣闽粤原中央苏区绿色全要素生产率在不断增长，其增长的动力来源主要为技术进步，而这种技术进步，提高了赣闽粤原中央苏区经济发展质量，而经济发展质量的提高，也反过来正向作用于经济的增长，促进了赣闽粤原中央苏区经济的高质量发展。

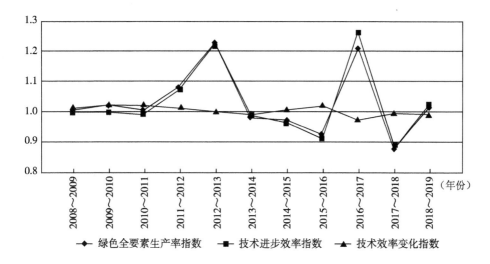

图 6-1 2008~2019 年赣闽粤原中央苏区 ML 生产率指数及其分解波动拟合

第二节 赣闽粤原中央苏区各城市经济高质量发展水平比较分析

在分析赣闽粤原中央苏区整体的经济高质量发展水平的基础上，进一步分析赣闽粤原中央苏区中各个城市的经济高质量发展情况，测算赣闽粤原中央苏区覆盖的赣州市、吉安市、新余市、抚州市、上饶市、宜春市、萍乡市、鹰潭市、龙岩市、三明市、南平市、漳州市、泉州市、梅州市、河源市、潮州市、韶关市共计 17 个城市的绿色全要素生产率指数、技术进步率指数和技术效率变化指数，结果如表 6-2 所示。

表 6-2 2008~2019 年赣闽粤原中央苏区 17 个城市的 ML 生产率指数及其分解

城市	ML 指数	MLTECH 指数	MLEFFCH 指数	经济产出增长率	ML 生产率增长对经济产出增长的贡献率
赣州	1.0258	1.0240	1.0023	0.1386	0.1859
吉安	1.0054	0.9825	1.0244	0.1367	0.0397

城市	ML 指数	MLTECH 指数	MLEFFCH 指数	经济产出增长率	ML 生产率增长对经济产出增长的贡献率
新余	1.0392	1.0455	0.9940	0.0869	0.4514
抚州	1.0373	1.0416	0.9964	0.1200	0.3107
上饶	1.0123	1.0066	1.0047	0.1354	0.0908
宜春	1.0283	1.0190	1.0064	0.1441	0.1960
萍乡	1.0864	1.1374	1.0033	0.0866	0.9983
鹰潭	1.0056	0.9795	1.0286	0.1288	0.0438
龙岩	1.0104	1.0148	0.9982	0.1265	0.0823
三明	1.0226	1.0382	0.9863	0.1252	0.1804
南平	0.9950	1.0082	0.9900	0.1231	-0.0405
漳州	1.1021	1.1031	1.0018	0.1530	0.6674
泉州	1.0557	1.0557	1.0000	0.1230	0.4528
梅州	1.0381	1.0356	1.0006	0.0889	0.4292
河源	1.0041	1.0006	1.0036	0.1089	0.0377
潮州	1.0032	1.0030	1.0002	0.0987	0.0322
韶关	1.0437	1.0103	1.0343	0.0751	0.5817

从表 6-2 中可以看出，2008~2019 年，赣闽粤原中央苏区振兴发展规划覆盖范围内 17 个城市的绿色全要素生产率指数、技术进步率指数、技术效率变化指数和经济产出增长率存在较为明显的差异。2008~2019 年，除了南平市绿色全要素生产率指数小于 1.0，其他城市的绿色全要素生产率指数的均值均大于 1.0，说明除南平市外，其他城市的经济高质量发展水平都有所提升。从绿色全要素生产率增长对经济产出增长的贡献率来看，各城市的差异较为明显，绿色全要素生产率增长对经济产出增长的贡献率超过 30% 的有抚州、新余、萍乡、漳州、泉州、梅州和韶关，其中萍乡市绿色全要素生产率增长对经济产出增长的贡献率甚至达到了 99.83%，而南平市绿色全要素生产率增长对经济产出增长的贡献率为负，绿色全要素生产率增长对经济产出增长的贡献率低于 5% 的正增长城市有吉安市、鹰潭市、河源市和潮州市。

进一步分析赣闽粤原中央苏区 17 个城市绿色全要素生产率增长的主要来源，将以上城市的绿色全要素生产率指数、技术进步率指数和技术效率变化指数绘制成直观的柱状图，如图 6-2 所示。

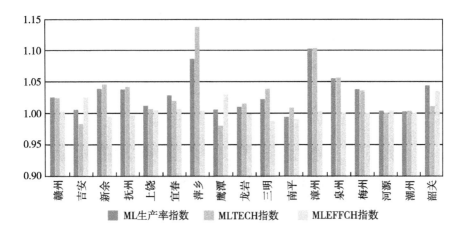

图 6-2　2008~2019 年赣闽粤原中央苏区 17 个城市 ML 生产率指数及其分解柱状图

从图 6-2 中可以看出，技术进步率指数总体高于技术效率变化指数，大部分城市的绿色全要素生产率指数变化与技术进步率指数的变化趋势相符（除吉安市、鹰潭市和韶关市），因此，可以初步认为 2008~2019 年赣闽粤原中央苏区 17 个城市绿色全要素生产率增长对其经济产出增长的贡献主要来源于技术的进步。为了进一步证实该结论，以绿色全要素生产率指数及其分解绘制折线图，如图 6-3 所示。

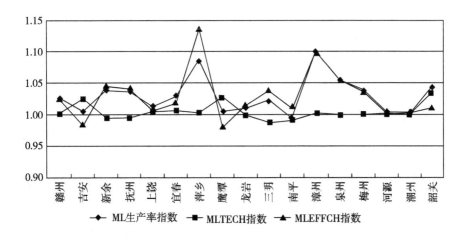

图 6-3　2008~2019 年赣闽粤原中央苏区 17 个城市 ML 生产率指数及其分解折线图

从图 6-3 中可以看出，总体上来说，赣闽粤原中央苏区的绿色全要素生产率的折线与技术进步率指数的折线比较拟合，而技术效率变化指数折线的变化相对平稳,因此,可以进一步认为2008~2019年赣闽粤原中央苏区 17 个城市绿色全要素生产率的增长对其经济产出增长的贡献主要来自技术进步率指数,即赣闽粤原中央苏区中大部分城市经济高质量发展水平的提高主要来源于技术进步,而技术进步的差异导致了大部分城市经济高质量发展水平的差异。

第三节 赣闽粤原中央苏区经济高质量发展水平省域比较分析

赣闽粤原中央苏区振兴发展规划范围主要涵盖了江西、福建和广东三个省份,因此以赣州市、吉安市、新余市、抚州市、上饶市、宜春市、萍乡市和鹰潭市表征江西省,以龙岩市、三明市、南平市、漳州市和泉州市表征福建省,以梅州市、河源市、潮州市和韶关市表征广东省,以分析赣闽粤原中央苏区振兴发展规划范围所覆盖的三个省份经济高质量发展水平的差异。江西省、福建省、广东省的 ML 生产率指数及其分解结果具体如表 6-3、表 6-4 和表 6-5 所示。

表 6-3 2008~2019 年赣闽粤原中央苏区江西省 ML 生产率指数及其分解

年份	ML 指数	MLTECH 指数	MLEFFCH 指数	经济产出增长率
2008~2009	1.0064	0.9954	1.0114	0.1263
2009~2010	1.0280	0.9775	1.0540	0.2423
2010~2011	1.0250	0.9836	1.0451	0.2219
2011~2012	1.0927	1.0864	1.0055	0.1265
2012~2013	1.1932	1.1885	1.0026	0.1044
2013~2014	0.9877	0.9976	0.9906	0.0968
2014~2015	0.9590	0.9627	0.9954	0.0637
2015~2016	0.9153	0.8947	1.0378	0.1045
2016~2017	1.2409	1.3288	0.9649	0.0974
2017~2018	0.8893	0.8985	0.9904	0.0689
2018~2019	0.9932	1.0107	0.9850	0.1463
2008~2019 平均	1.0300	1.0295	1.0075	0.1272

表6-4 2008~2019年赣闽粤原中央苏区福建省ML生产率指数及其分解

年份	ML指数	MLTECH指数	MLEFFCH指数	经济产出增长率
2008~2009	0.9980	1.0182	0.9805	0.1404
2009~2010	1.0326	1.0421	0.9929	0.1936
2010~2011	0.9817	1.0059	0.9791	0.1995
2011~2012	1.1721	1.1703	1.0033	0.1210
2012~2013	1.2397	1.2329	1.0057	0.1157
2013~2014	0.9832	0.9981	0.9858	0.1087
2014~2015	0.9598	0.9341	1.0320	0.0709
2015~2016	0.9778	0.9542	1.0251	0.1000
2016~2017	1.1518	1.2101	0.9479	0.1365
2017~2018	0.8503	0.8482	1.0024	0.1339
2018~2019	1.0618	1.0699	0.9931	0.1016
2008~2019平均	1.0372	1.0440	0.9953	0.1293

表6-5 2008~2019年赣闽粤原中央苏区广东省ML生产率指数及其分解

年份	ML指数	MLTECH指数	MLEFFCH指数	经济产增长率
2008~2009	1.0201	0.9820	1.0398	0.0623
2009~2010	1.0017	0.9933	1.0086	0.1232
2010~2011	1.0106	0.9898	1.0217	0.1537
2011~2012	0.9559	0.9214	1.0347	0.1076
2012~2013	1.2922	1.2922	1.0000	0.0996
2013~2014	0.9649	0.9649	1.0000	0.0863
2014~2015	1.0127	1.0127	1.0000	0.0560
2015~2016	0.8739	0.8930	0.9804	0.0766
2016~2017	1.2202	1.1940	1.0212	0.0731
2017~2018	0.8933	0.8933	1.0000	0.0501
2018~2019	0.9994	0.9994	1.0000	0.1177
2008~2019平均	1.0223	1.0124	1.0097	0.0915

从表6-3中可以看出，2008~2019年，江西省（赣闽粤原中央苏区振兴发展规划范围内8个城市）的绿色全要素生产率整体呈不稳定上升趋势，平均增长幅度为3.00%。从绿色全要素生产率增长对经济产出增长的贡献率来看，2008~

2019 年，江西省（赣闽粤原中央苏区振兴发展规划范围内 8 个城市）的绿色全要素生产率年均增长率为 3.00%，同期经济增长率为 12.72%，其绿色全要素生产率增长对经济产出增长的贡献率为 23.58%。从绿色全要素生产率的结构构成来看，2008~2019 年技术进步的年均增长率为 2.95%，而技术效率年均增长率仅为 0.75%。以此结果绘制折线图如图 6-4 所示。

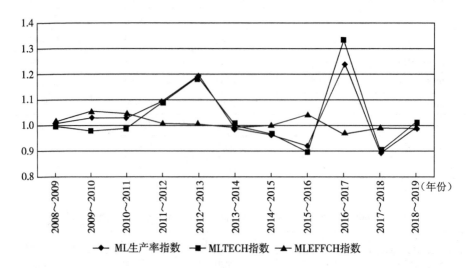

图 6-4　2008~2019 年赣闽粤原中央苏区 ML 生产率指数及其分解折线图（江西省）

从图 6-4 中可以看出，江西省绿色全要素生产率指数和技术进步率指数变化趋势非常相近，而技术效率变化指数的变化相对趋于平稳。上述结果表明，2008~2019 年，江西省绿色全要素生产率总体上在不断增长，其增长的动力来源主要为技术的进步。

从表 6-4 中可以看出，2008~2019 年，福建省（赣闽粤原中央苏区振兴发展规划范围内 5 个城市）的绿色全要素生产率整体呈不稳定上升趋势，平均增长幅度为 3.72%。从绿色全要素生产率增长对经济产出增长的贡献率来看，2008~2019 年，福建省绿色全要素生产率的年均增长率为 3.72%，同期经济产出增长率为 12.93%，绿色全要素生产率增长对经济产出增长的贡献率为 28.77%。从绿色全要素生产率的结构构成来看，2008~2019 年福建省技术进步率的年均增长率为 4.40%，而技术效率变化的年均增长为负数，为 -0.47%。以此结果绘制折线图如图 6-5 所示。

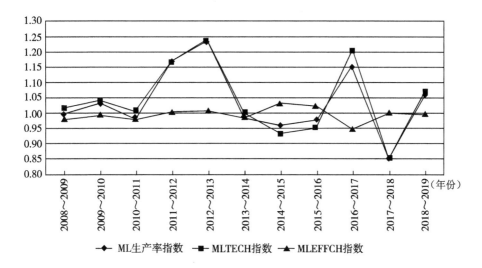

图 6-5　2008～2019 年赣闽粤原中央苏区 ML 生产率指数及其分解折线图（福建省）

从图 6-5 中可以看出，福建省绿色全要素生产率指数和技术进步率指数的变化趋势非常相近，而技术效率变化指数的变化相对趋于平稳。结果表明，2008～2019 年，福建省绿色全要素生产率总体上在增长，其增长的动力来源主要为技术进步，而技术进步又促进了经济的高质量发展。

从表 6-5 中可以看出，2008～2019 年，广东省（赣闽粤原中央苏区振兴发展规划范围内 4 个城市）的绿色全要素生产率整体呈不稳定上升趋势，平均增长幅度为 2.23%。从绿色全要素生产率增长对经济产出增长的贡献率来看，2008～2019 年广东省的绿色全要素生产率年均增长率为 2.23%，同期经济产出增长率为 9.15%，其绿色全要素生产率增长对经济产出增长的贡献率为 24.37%。从绿色全要素生产率的结构构成来看，2008～2019 年广东省的技术进步率的年均增长率为 1.24%，技术效率变化的年均增长率为 0.97%。以此结果绘制折线图如图 6-6 所示。

从图 6-6 中可以看出，广东省绿色全要素生产率指数和技术进步率指数的变化趋势非常相近，而技术效率变化指数的变化相对平稳。结果表明，2008～2019 年，广东省绿色全要素生产率总体上在增长，但增长率要略低于江西省和福建省，而技术进步和技术效率的提高均为其经济产出增长的主要动力来源。

进一步比较江西省、福建省和广东省 2008～2019 年绿色全要素生产效率，从图 6-7 中可以看出，江西省（赣闽粤原中央苏区振兴发展规划范围内 8 个城市）、福建省（赣闽粤原中央苏区振兴发展规划范围内 5 个城市）和广东省（赣闽粤原中央苏区振兴发展规划范围内 4 个城市）的绿色全要素生产率指数都出现了较大波动，从 2015 年开始，江西省、福建省和广东省的绿色全要素生产率呈现较为相似的变化趋势，三省的绿色全要素生产率在 2016~2017 年都出现了上升。

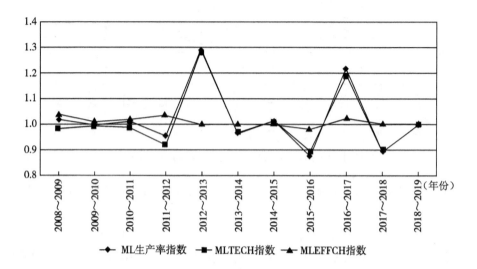

图 6-6 2008~2019 年赣闽粤原中央苏区 ML 生产率指数及其分解折线图（广东省）

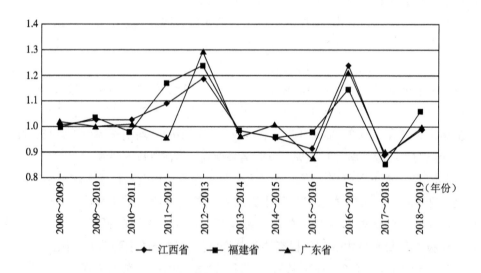

图 6-7 2008~2019 年赣闽粤原中央苏区 ML 生产率指数折线图（江西省、福建省、广东省）

为了更加清楚和直观地分析赣南老区在江西省，乃至赣闽粤原中央苏区的经济高质量发展水平，以赣州市绿色全要素生产率指数、江西省绿色全要素生产率指数和赣闽粤原中央苏区绿色全要素生产率指数绘制折线图如图 6-8 所示。

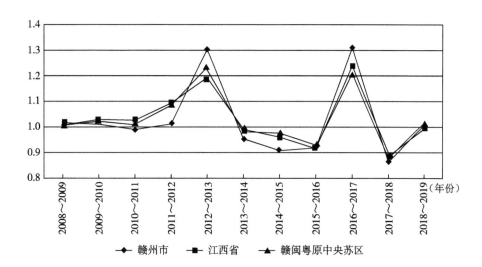

图 6-8　赣州市、江西省、赣闽粤原中央苏区 ML 生产率指数折线图

从图 6-8 可以看出，三条折线拟合度较高，这表明 2008～2019 年赣州市绿色全要素生产率、江西省绿色全要素生产率和赣闽粤原中央苏区绿色全要素生产率的变化趋势基本一致，但是赣州市绿色全要素生产率的波动幅度要略大于江西省和赣闽粤原中央苏区。

第七章 赣南老区创新发展实践

——以赣县区、章贡区为例

　　习近平总书记指出，"科技兴则民族兴，科技强则国家强"，"科技创新是核心，抓住了科技创新就抓住了牵动我国发展全局的牛鼻子"①。目前，我国经济已由高速增长阶段转向高质量发展阶段，正处在转变发展方式、优化经济结构、转换增长动力的攻关期，需要依靠更多更好的科技创新为经济发展注入新动力。革命老区的发展面临复杂的情况，仅依靠传统方式来推进老区的经济发展，成效是缓慢的，更应该激发其活力，培养其内生动力，打造革命老区自身循环"造血"能力，有效推进革命老区的高质量发展。

第一节　赣县区科技创新案例

　　赣州市赣县区位于江西省南部、赣州市中部，与章贡区、南康区、赣州经济技术开发区、蓉江新区共同组成赣州市中心城区。

一、赣县区科技创新发展土壤

　　"创新是企业发展的灵魂，一系列科技成果的取得和科技平台的建设都将为企业提供强大的科技智力支撑。"2018 年，赣县区专利申请量达 1233 件，授权专利 827 件，分别同比增长 5.2%、42.3%②，均进入江西省前列，赣县区科技创

---

① "1+3"即生产基地+三级市场网络。
② 《赣州统计年鉴 2019》。

新能够得到如此发展得益于以下两个方面：

（一）部委支持，出财出力

2012年国务院出台了《关于支持赣南等原中央苏区振兴发展的若干意见》（国发〔2012〕21号），后为充分调动各方面积极性，形成整体合力，共同推动赣南等原中央苏区加快振兴发展，《国务院办公厅关于印发中央国家机关及有关单位对口支援赣南等原中央苏区实施方案的通知》（国办发〔2013〕90号）于2013年出台，其中明确规定了科学技术部、国土资源部对口支援赣县区，在科学技术部的大力支持下，赣县区的创新科技水平得到了大力提升。

一是建设了重大平台。在国家部委的大力支持下，2012年以来赣县区先后成功争创了赣州国家高新技术产业开发区、国家钨和稀土新材料高新技术产业化基地、国家现代农业示范区、国家农业科技园区、国家生态工业示范园区、国家新型工业化产业示范基地、大湖江国家湿地公园等一批"国字号"平台，"中国稀金谷"建设上升到国家层面，纳入了国家"十三五"科技创新规划和稀土产业发展规划。

二是推进了重大事项。赣州高新技术园区升级、赣县撤县设区、华能瑞金电厂二期项目、支持甜菊糖产业发展等重大政策或事项提交部际联席会议协调推进，特别是赣州高新技术园区升级和赣县撤县设区两项政策的落实，开创了赣县发展新的历史时期。先后荣获"全国国土资源节约集约模范县"等一批国家级荣誉；先后获批国家级电子商务进农村综合示范县、首批国家学前教育改革试验区等一批国家试点示范。

三是落实了重大政策。全面落实科学技术部、中国科学院对口支援赣县区重大政策152项，项目资金53700万元①。

四是扶持了重大资金。累计向上争取各类资金176.5亿元，年均增长16.8%，2017年高于2011年6.1个百分点，2018年达到37.32亿元。特别是《国务院关于支持赣南等原中央苏区振兴发展的若干意见》出台后新增各项扶持资金累计8.71亿元。上级倾斜支持赣县区民政资金总额达9.06亿元，年均1.812亿元，2018年比2011年增长93.7%，成功争取苏区振兴"中国稀金谷"平台专项建设无偿补助资金2亿元②。

---

① 国土资源部、科技部对口支援赣县区工作纪实［EB/OL］. 凤凰网，https：//jx.ifeng.com/gz/detail_2015-12/08/4634885_0.shtml，2015-12-08.

② 笔者赣州调研所得资料。

（二）干部凝心，共谋未来

改革创新步伐加快，城乡建设用地增减挂钩"三项试点"、农村土地承包经营权抵押贷款试点等改革顺利推进；深入推进"六单一网"建设，精简审批程序，实行"一站式"服务，办结期限由原来的平均7个工作日缩短至平均3.5个工作日，行政效率大幅提升。全区干部心往一处想，劲往一处使，凝心聚力，创业氛围不断浓厚，一心一意谋发展、凝心聚力干事业的氛围逐步增强，为振兴发展提供了强有力的政治保障。

二、赣县区科技创新发展成效

近年来，赣县区科技创新活力增强，截至2018年底赣县区新增院士工作站3家，省级企业技术中心5家，省级创新创业基地2家，企业博士后创新实践基地1家，2014年、2016年分别荣获"全省专利十强县"称号，2017年跨入江西省十强行列，位列江西省第七，2018年高新技术企业达到48家，是2015年的3倍。①

（一）积极引导高新企业入驻

赣县区积极引导腾远钴业加大创新投入，建企业研发中心，成功获批组建江西省钴系列材料工程技术研究中心。大力落实科技创新奖励政策，组织开展了2017年度科技创新奖励审核兑现工作，共受理申报企业79家，兑现奖励资金达492.3万元。积极争取科技资金，帮助园区16家企业争取获得了市级高新技术企业奖励资金160万元。②

基础研究是科技创新的根基，也是产品和装备升级的支撑。一方面，赣县与解放军信息工程大学、中国科学院宁波材料技术与工程研究所等8家单位达成合作，共同搭建科技创新平台，中国科学院海西研究院赣州稀金产业技术研发中心等一批科研平台已正式入驻"中国稀金谷"核心区。与江西理工大学合作共建的中国稀金（赣州）新材料研究院入驻"中国稀金谷"，努力争取与中国科学院加强交流合作，为"中国稀金谷"建设提供技术、人才和智力支撑，共建重点研发平台。积极指导企业申报省市科技重大专项、重点研发计划项目和申请专利，提升企业研发能力。另一方面，共指导园区7家企业申领并获得2017年度市级科技创新券资金65.15万元。帮助腾远钴业、谱赛科、诚正稀土3家企业获

① 国土资源部、科技部对口支援赣县区工作纪实［EB/OL］．凤凰网，https://jx.ifeng.com/gz/detail_2015-12/08/4634885_0.shtml，2015-12-08.

② 赣县区人民政府．我区加快企业科技创新步伐［EB/OL］．http://www.ganxian.gov.cn，2019-03-19.

得市级研发投入后补助资金 50 万元①。

（二）科技创新助力企业升级

民营企业要壮大，转型升级是绕不开的"火山"。怎样跨越？赣县区通过科技创新来助阵。一方面，出台激励政策加速创新要素集聚，积极兑现各项科技创新奖励政策，有效激发企业自主创新动力。仅 2017 年，全区就兑现专利授权奖励 311 万元、高新技术企业认定奖励 136 万元、高新技术企业所得税优惠 5734 万元、企业研发费用加计扣除优惠 1480 万元。②另一方面，依托"中国稀金谷"核心区建设，不断做大稀土稀有金属首位产业，加快推进中国稀金新材料研究院、稀土大厦、晓镜公园等基础设施项目建设，为科研平台进驻、高端人才引进筑好暖巢。2018 年 1~10 月，全区新增高新技术企业 10 家，总数达 38 家；全区专利申请量达 1103 件，授权专利 597 件，均进入江西省前列③。

（三）示范推广提升服务能力

赣县区积极实施省知识产权富民强县示范县，建设"甜叶菊产业化技术集成与示范推广"项目，并得到江西省知识产权局组织专家组的验收通过。

自项目实施以来，赣县区以甜叶菊产业为依托，大力推进知识产权服务体系建设，不断完善政策措施、提升服务水平，极大地增强了知识产权创造、保护、运用和管理能力，截至 2018 年 7 月共获批国家知识产权优势企业 2 家，获得"国家知识产权强县工程试点区"等荣誉，知识产权服务区域能力显著提升，有力推进了经济社会发展。

三、"五项举措"助力赣县区科技创新发展

自 2012 年科学技术部对口支援以来，赣县区紧紧抓住科学技术部对口支援有利契机，深入实施创新驱动发展战略，采取"五项举措"，有力推进了产业升级，促进了科技成果转化，科技创新取得了明显成效。

（一）完善政策保障，优化科技创新环境

首先，赣县区深入贯彻落实《中共赣州市委　赣州市人民政府关于加快推进创新驱动发展战略建设创新型赣州的实施意见》，结合自身具体实际，出台了《关于实施创新驱动发展战略建设创新型赣县的实施意见》，提出了实施创新驱

---

①　赣县区人民政府.我区加快企业科技创新步伐［EB/OL］.http：//www.ganxian.gov.cn，2019-03-19.

②③　赣县区人民政府.科技创新助力转型升级［EB/OL］.http：//www.ganxian.gov.cn，2019-01-21.

动 "1243" 工程①以及建设创新型赣县具体工作举措，为做好全区科技创新工作指明了方向，营造了良好的科技创新政策环境。

其次，赣县区为推进创新平台建设，重点打造了以中国科学院赣江创新研究院②、中国稀金（赣州）新材料研究院、国家稀土功能材料创新中心、国家钨与稀土产品质量监督检验中心、中国稀金谷中科产业育成中心为主的 "两院三中心"，以创新驱动为抓手，全力打造优势产业集群，紧紧围绕 "育龙头、补链条、建平台、保要素、强集群" 工作路径，聚焦产业集群发展，壮大优势产业集群，确保各平台较好地实现 "边建设、边科研、边产出" 的目标。仅 2020 年该区就新签约项目 8 个，签约总额 82 亿元，其中 10 亿元以上项目 2 个，超 50 亿元项目 1 个，更有中科三环、拓野智能科技等行业知名科技企业相继签约落地。

（二）强化项目支撑，提升企业创新水平

一是争取了一批科技项目立项扶持。以科技项目为抓手，狠抓科技项目的申报实施。2017 年 1 月至 9 月，组织企业申报省级科技计划项目 12 项、重点新产品计划 2 项、市级科技计划项目 16 项，组织 20 家企业申报了市级科技创新券；已有 13 个科技计划项目获得立项扶持，其中国家级 1 个、省级 4 个，市级 8 个，争取省 "科货通" 资金 200 万元，累计争取上级科技资金 812 万元。二是申报了一批科技奖励项目。2017 年 1 月至 9 月，组织企业申报赣州市技术发明奖 1 项、科技进步奖 2 项，省科技进步奖 1 项；争取获批 2016 年赣州市科技奖 3 项，其中技术发明二等奖 1 项，科技进步二等奖、三等奖各 1 项。③

（三）开展高新技术企业培育，拓宽企业发展层次

一是积极组织申报省级科技型中小微企业。主动深入工业园区宣传省科技型中小微企业的扶持政策，开展专题培训，积极动员符合条件的企业填报申报材料。通过指导服务，全区有 20 家企业完成了申报工作，其中伟嘉合金、华汉生物、中新云农等 17 家企业成功获批省科技型中小微企业。二是狠抓高新技术企业培育。筛选一批基础条件较好、创新能力较强的企业作为高新技术企业重点培育对象，组织 18 家企业开展高新技术企业申报认定，其中首次申报认定 12 家，

---

① 即到 2020 年新建 1 个国家级创新平台和载体，新增 2 个省级以上创新人才和团队，实施 4 项省级重大科技专项，新增 30 家高新技术企业。

② 2020 年 10 月，在赣县区揭牌成立，该院是中科院十多年来唯一新成立的直属机构，也是目前江西省唯一的国家级科研机构。

③ 赣县区 "五项举措" 强化科技创新 ［EB/OL］. https：//www.sohu.com/a/195574914_100014549，2017-09-29.

重新申报认定 6 家。①

（四）搭建创新平台，加速科技成果转化

一是大力推进中国稀金（赣州）新材料研究院等四个科研平台建设。2017年 1 月至 9 月，该区以打造稀金谷核心区智慧园为契机，与高校、科研院所深化科技合作，扎实推进重点科研平台建设。2017 年 8 月 19 日，中国稀金（赣州）新材料研究院、中国科学院海西研究院赣州稀金产业技术研发中心、质谱科学与仪器国际联合研究中心赣州分中心和国家钨与稀土产品质量监督检验中心四个科研平台在赣州高新区正式挂牌设立。三个科研平台的设立，对推动该区稀有金属产业"政产学研用"协同创新，推动钨和稀土产业提速增效、转型升级，具有重大而深远的意义。二是推进企业研发平台建设。2017 年，由腾远钴业公司申报的江西省钴系列材料工程技术研究中心获得江西省科技厅批准组建。同时，华汉生物、川汇气体两家企业申报的"赣州市天然产物工程技术研究中心""氮氧气体设备制造工程技术研究中心"获得赣州市科技局批准组建。②

（五）提供技术指导，解决发展技术难题

一是开展了企业技术需求征集活动。加强与中国科学院、江西理工大学、中山大学、北京理工大学、天津大学等高校、科研机构的联系对接，并积极向企业征集人才、技术需求，邀请专家教授为企业提供技术指导和咨询服务，推动企业与高校开展产学研协同创新。

二是承办了赣州·中国稀金谷科技成果对接会。对接会分组举行了稀土、钨新材料及应用成果专场推介，10 余位专家分别做了专题推介，97 家企业代表与省内外 36 位专家进行了对接，将促进钨和稀土产业科技成果在赣州中国稀金谷转化。③

第二节　章贡区科技创新案例

章贡区为深入贯彻落实党的十八大、十八届三中全会精神和《中共中央　国务院关于深化科技体制改革加快国家创新体系建设的意见》（中发〔2012〕6号），充分发挥科技对经济社会发展的支撑引领作用，构建适应原中央苏区振兴

---

①②③　赣县区"五项举措"强化科技创新［EB/OL］．搜狐网，https：//www.sohu.com/a/195574914_100014549，2017-09-29．

发展需要的区域创新体系，加快科技创新步伐，助推"五区"建设，立足区情出台《中共赣州市章贡区委贯彻落实〈中共中央关于全面深化改革若干重大问题的决定〉的实施意见》，助力章贡科技创新。

一、章贡区科技创新成效

章贡区坚持创新为魂理念，以改革为动力，以提高自主创新能力为核心，以促进科技与经济社会发展紧密结合为重点，破解科技体制机制障碍，激发全社会创新活力；着力构建以企业为主体、市场为导向、产学研用相结合的技术创新体系，加强科技创新平台、团队、项目和基地建设，大幅提升科技创新对经济增长的贡献率，狠抓科技创新驱动战略，加大投入，精心扶持，鼓励新技术、新工艺、新产品，取得丰硕成果。争取科技计划项目经费取得重大突破，截至 2017 年全区申报国家、省、市科技计划项目 113 项，立项 43 项，获科技经费 3562 万元；实施重大科技专项取得重大进展，2 项目获省创新驱动"5511"工程重大研发专项立项，占江西省总数的 18%。实施知识产权战略在江西省领跑，2017 年 1~7 月，全区申请专利 2856 件，继续位居江西省第一；授权 424 件，位居江西省前列；高新技术企业显著壮大，新增高新技术企业 11 家，创历史之最，全区高新技术企业已达 38 家；科技成果频获奖励，赣州金环磁选设备有限公司"大颗粒立环脉动高梯度磁选机"成果获得 2016 年度赣州市技术发明奖一等奖，赣州逸豪优美科实业有限公司、江西气体压缩机有限公司分别获得 2013 年、2014 年赣州市科技进步二等奖。[①]

2018 年 1 月 26 日，江西省政府正式下文批复同意赣州市章贡经济开发区更名为江西章贡高新技术产业园区。更名后，不仅补齐了赣州市没有省级高新技术产业园区的短板，而且有利于增强章贡区核心和龙头地位，促进赣州工业产业转型发展，在提升赣州工业经济综合实力、推动产业转型升级、优化赣州工业发展布局等方面发挥着重要作用。

2020 年，章贡区深入推进"千名干部帮千企"活动和"降成本优环境"专项行动，并协调市、区有关部门单位，持续为企业服务，助推企业发展，组织转供电、金融、用工等政策宣讲活动 10 场次，兑现各级各类奖补资金 5218.95 万

---

① 赣县区人民政府. 喜迎十九大科技创新为我区发展插上腾飞之翼［EB/OL］. http://www.gan-xian.gov.cn，2017-11-08.

元①，协调解决了疫情防控物资不足、融资难、企业职工子女入学和职工公交出行等一批企业关心的重点②、难点问题。

同年，该区以"充实资金链、提升价值链、优化服务链"推动生物医药产业高质量发展。一是建立苏区振兴并购基金园、青峰药谷（赣州）医药股权投资合伙企业，成立 20 亿元产业发展基金，解决企业资金需求近 10 亿元，推动青峰药业并购深圳资福、上海迪诺等药企，建成百亿现代生物医药生产项目，青峰药业进入全国中药企业百强榜，排第 13 位③；二是投资 14 亿元建设上海生物医药创新转化中心，建成人才科创园，引进高层次人才 34 位，创办领办企业 26 家、项目 58 个全面运营，获批二类及以上医疗器械注册证 24 张，新批上市高端仿制药 4 个，其中国内首仿药 2 个；三是制订打造大健康产业中心工作方案，开展细分产业链研究和招商，设立赣南生物医药产业研究院，建设美康盛德等第三方医学检验机构、人才公寓、冷链物流基地等，签约威高集团等 11 个项目，总投资 114.1 亿元。

为加快产业发展，章贡区结合"人才新政"、生物制药产业发展扶持等一系列政策，在招才引智上不断出"大招"。一方面，实施产业创新能力提升工程，深入挖掘生物医药、电子信息、智能制造等领域技术优势，加快培育和发展一批特色明显、结构优化、体系完整、市场竞争力强的产业集群。同步推进实施企业智能化改造，鼓励企业上"云"，加快推进信息化和工业化深度融合，实施"互联网+""大数据+"计划，鼓励企业引进国内外先进制造系统、智能设备及大型成套技术装备，支持各类企业技改升级，提升企业自主创新能力。另一方面，章贡在"招才引智"上做足文章，践行"人才+项目+平台"的引才模式，实施高层次人才团队引进培育计划，实施创新人才队伍集聚工程。截至 2019 年 10 月，引进高层次人才 7 位，累计入驻各类高层次人才 29 位，创办、领办企业 21 家，落地高科技项目 50 个，大部分项目处于国际、国内领先水平，有 17 家企业全面运营。④

① 看章贡高新区科技创新"乘风破浪"！［EB/OL］．赣州房地产杂志，https：//www.sohu.com/a/442872787_99956713，2021-01-06.

② 赣州市章贡经济开发区更名获省政府批复同意［EB/OL］．中国江西网，https：//www.sogou.com，2018-01-26.

③ 江西省人民政府．赣州苏区振兴并购基金园基金招商带动实业招商成效初显［EB/OL］．http：//www.jiangxi.gov.cn/art/2018/7/10/art_5493_367144.html，2018-07-10.

④ 入选全国投资潜力百强区，科技创新的"章贡攻坚"［EB/OL］．陈皮网，https：//www.chenpe.com/news/c251935.html，2019-11-01.

章贡区积极与高校、科研院所等建立产业研究所和产学研转化平台，实施开放合作工程。鼓励科技服务机构参与军民两用技术成果转化应用和军民设施资源共享，引导科技服务工作规范化、专业化发展，大力推动军民科技协调创新，并围绕数字经济产业，加快工业数字化转型，着手产业集群整体数字化转型，实施创新服务体系完善和数字经济工程。

章贡区积极打造数字经济创新中心及软件物联网产业园，截至 2019 年 10 月引进了国内知名龙头企业项目 15 个。赣州逸豪优美科、江钨世泰科、赣州虹飞钨钼三项科技成果荣获 2018 年度江西省科学技术进步奖。①

二、章贡区科技创新做法

（一）建立企业主导产业技术研发创新机制，保证科技创新有法可依

章贡区充分发挥企业在产业技术研发创新决策、研发投入、研发组织和成果转化中的主体作用，促进科技与经济紧密结合，加快推进产学研相结合的技术创新体系。为推进科技创新加速发展，章贡区加大对科技立项项目资助力度，配套出台的《章贡区加快先进制造业发展奖励扶持办法》，明确表示"对成功申报国家'863'或'973'计划项目并获立项的企业，每项一次性奖励 20 万元；对成功申报国家创新基金项目并获立项的企业，每项一次性奖励 10 万元；对新列入国家级优秀新产品并在本地组织投产的企业，每项产品一次性奖励 10 万元；对获得省级优秀新产品，并在本地组织投产的企业，每项产品一次性奖励 5 万元。支持企业享受省、市相关优惠奖励政策"。

（二）推进企业科技平台建设，打造科技创新沃土

按照有技术人员、固定场所、研发经费、科研设备、现代管理制度、具体研发方向的要求，有序、规范推进企业研发机构建设。鼓励和支持该区龙头骨干企业与重点科研院所、高校共同设立研发机构和技术转移机构；支持虔东稀土集团股份有限公司和江西青峰药业有限公司等具备条件的龙头企业申报组建省级、国家级科技创新平台和优势创新团队。

（三）充分利用高校、科研机构，为科技创新提供智力支持

一方面，完善人才发展机制。章贡区有效对接国家、省重大人才工程，加大高层次人才培养引进力度，不断完善吸引高层次人才来章贡创新创业的政策环

---

① 入选全国投资潜力百强区，科技创新的"章贡攻坚"［EB/OL］. 陈皮网，https：//www.chenpe. com/news/c251935. html，2019-11-01.

境。另一方面，鼓励企业与省内外高校、科研院所开展科技合作；进一步落实与江西理工大学、赣南师范大学、赣南医学院三所高校签订的战略合作框架协议，通过有效整合人才、技术、项目等创新要素，开展高新技术应用研究及技术转移和成果转化。

参考文献

［1］习近平在全国科技创新大会、两院院士大会、中国科协第九次全国代表大会上的讲话［EB/OL］．央视网，http：//news.cctv.com/special/kejichuangxin/，2016-05-30.

［2］国土资源部、科技部对口支援赣县工作纪实［EB/OL］．凤凰网，https：//jx.ifeng.com/gz/detail_2015-12/08/4634885_0.shtml，2015-12-08.

第八章　赣南老区产业升级实践

——以兴国县、信丰县为例

党的十九大以来，党中央多次提出要以"乡村振兴战略"为抓手，深度融合"一二三"产，开拓乡村产业振兴新路径。同时，习近平总书记指出，乡村振兴要靠产业，产业发展要有特色，要走出一条人无我有、科学发展、符合自身实际的特色道路。近年来，兴国县在赣州市委、市政府的正确领导下，以乡村振兴战略为总体目标，按照"长短结合、种养互补"的思路，对全县农业产业深入开展调研，重点做强油茶、脐橙、蔬菜三大农业主导产业，做优烟叶、灰鹅两大传统产业，做亮肉牛新兴产业，着力构建"321"产业体系。

第一节　兴国县隆坪乡油茶发展案例

隆坪乡全乡面积55.77平方千米，其中耕地10561.1亩，山地面积64715.2亩。隆坪乡结合乡村实际，按照一乡一业的产业发展思路，引进在外乡贤投资建设了隆坪乡万亩有机油茶基地。该基地开发于2012年，规划总面积10000亩，已投资1400万元，种植面积达5800亩，[①] 以兴国县秦娥山种植专业合作社为依托，已辐射带动兰溪、咸潭、鳌源、牛迳四村发展油茶产业种植。

---

① 兴国县隆坪乡：油茶基地一片繁忙，复工复产井然有序［EB/OL］. 中国交通在线，http://www.jiaotongwang.cn/index/jiaoyuzaixian/2020/0318/273906.html，2020-03-18.

一、引进龙头，带动油茶发展

"大众创业、万众创新"的氛围吸引了一大批能人乡贤返乡创业，万亩有机油茶基地投资商就是返乡创业的典型，并与中国林业科学研究院林业科学研究所达成意向，合作开发万亩油茶基地"数字油茶"项目。采用这种先进的管理经验和种植技术，大力发展赣州油、长林和"赣无"系列高产油茶种植，盛果期鲜果产量可达 500 公斤/亩，可实现高产茶油 30 公斤/亩，年产茶油 180 余吨，产值达到 1300 余万元。经测算，5 年内每亩共计需投入苗木 100 株，1.5 元/株，计 150 元，肥料 1500 公斤，计 3000 元，租金 450 元，基础设施 1500 元，人工工资 1000 元，合计 6100 元。5 年内每亩可产油 150 公斤，收益 15000 元，纯收益 8900 元/亩。

二、广开销路，坚定产业自信

油茶消费市场巨大，发展油茶产业前景广阔。随着我国城镇化速度的加快和人民生活水平的提高，油茶需求量也在不断增加，油茶产业必定成为朝阳产业。万亩有机油茶基地不愁销路：一是直供对接内销。开展"农企对接"，与百丈泉食品饮料有限公司、山村茶油食品公司等大型油茶公司洽谈对接，每年直供一批茶油。开展"农超对接"，向阳光超市、新南康超市、新华都超市等县内大型超市，以及国光超市等市内知名超市供应。开展"农社对接"，在锦绣江南、金福花园、水岸人家等较大居民小区实现油茶直采直供。二是电商平台零售。万亩有机油茶基地已在电商平台形成了一定规模和影响，推进零售终端网络化，减少中间环节，形成生产加工到批零市场绿色通道。三是专业市场批发营销。以农产品专业批发市场为龙头，把兴国县农产品批发市场打造成全县农产品的集散地和中转站，成为连接全国市场的桥梁和纽带，着力打造成为上连各大城市的市场和超市、下连千家万户的基地，形成生产基地+三级市场网络的"1+3"平台。加强与北京、上海、天津等目标市场的交流合作，发展对口供应油茶，全方位做好油茶生产、加工、储藏和销售的有效对接，实现产供销一条龙。

第二节　兴国县蔬菜产业发展案例

一、错位发展、激活产业活力

兴国县虽然是农业大县，但仍存在菜价高等问题，导致蔬菜还需外调，为切实解决这些关乎老百姓自身利益的问题，兴国县坚持规划引领，大力推进蔬菜产业错位发展，为兴国县蔬菜产业长期健康发展奠定了坚实的基础。

（一）功能互补，区域错位

兴国县以构建赣州市城区"1+3"① "菜篮子"工程保障体系为契机，编制了《兴国县蔬菜产业发展规划》，以埠头乡垓上村、潋江镇杨澄村、高兴镇高多村三个蔬菜种植专业村为核心，在全县规划了核心区、辐射区、专业区三个功能互补的区域。核心区以高兴、长冈、潋江、埠头、杰村等乡镇为重点，规划发展设施蔬菜，重点发展学生营养餐食材蔬菜品种；辐射区、专业区以其他乡镇为补充，立足传统产业特色，重点发展九山生姜、樟木红芽芋、脚板薯等传统名优菜品；城岗、良村、南坑、崇贤、茶园等边远山区乡镇重点发展夏季高山蔬菜。兴国县充分利用工业思维，引进多个龙头企业，打造以销售广东为主的319国道蔬菜产业带，以销往上海、浙江的埠头蔬菜产业园区和对接本地学生营养餐为主的潋江现代农业示范园，真正做到坚持利用每一寸土地，做到区域错位、优势互补。

（二）均衡上市，品种错位

兴园县为保障农户能家家有钱赚、户户有事干，经过充分的调研、研究，紧抓市场方向，坚持做到蔬菜的品种错位，保证农户的良性竞争，满足市场的多元化需求。一是叶类蔬菜和瓜果类蔬菜的错位发展。逐步形成了以瓜果类蔬菜为主、叶类蔬菜为辅的产业格局。叶类蔬菜主要销往本地市场，瓜果类蔬菜主要销往外地市场。二是设施蔬菜和常规蔬菜错位发展。常规蔬菜按照时令季节发展蔬菜品种，设施蔬菜重点发展春提前、秋延后的蔬菜品种，弥补市场蔬菜时令空缺，确保蔬菜上市不断档。三是有机蔬菜和无公害蔬菜错位发展。核心区、专业

---

① "1+3"即生产基地+三级市场网络。

区重点发展有机蔬菜，辐射区重点发展无公害蔬菜，充分满足市场多元化需要。

（三）产业配套，基地错位

本着种养结合、长短结合、产供销一条龙的原则，兴国县力图每个蔬菜基地配套跟进育苗中心、冷链仓储、农光互补等产业配套设施，紧紧围绕中心城区"菜篮子"工程建设、长珠闽地区乃至国内外市场的科学定位。充分发挥现代农业示范园区的示范引领作用，抓好埠头垓上村、高兴镇高多村千亩蔬菜基地的提升工作，使其成为集科技推广、休闲观光、农民增收为一体的示范基地。兴国县大力推进蔬菜基地的建设工作、推进钢架大棚的搭建，努力建成赣州北部重要蔬菜产业基地，东南沿海城市的"菜园子"。

二、多方连接，确保农民增收

为避免"谷贱伤农"现象的产生，兴国县集合全体智慧，通过多方对接，广开销路，赢得市场认可。同时，为了扩大农户受益面，兴国县不断创新利益联结形式，逐步形成"五大"利益联结机制，带动了一大批农户增收。

为确保销量：第一，采取直供对接团购团销。首先，开展"农企对接"。自2015年以来，兴国县紧紧抓住农村义务教育10万学生每天40万元营养餐食材供应的巨大市场，引进了营养餐供餐企业金源鸿公司，每天直供销售蔬菜5万斤。其次，开展"农校对接"。分别与江西理工大学、江西农业大学、江西省农业科学院食堂签订蔬菜供应协议。再次，开展"农超对接"。分别与阳光超市、新华都超市等县内大型超市，以及国光超市等县外知名超市签订蔬菜供应协议。最后，开展"农社对接"。在锦绣江南、金福花园、水岸人家等较大居民小区设立蔬菜便利店，实现蔬菜直采直供。第二，冷链配送外销零售。鼓励博苑农业、龙溪农业等龙头企业以及杰村颖德、方太天绿、埠头榕树湾、官桥农场等专业合作社、农村经纪人、蔬菜贩运联合体、蔬菜大户、蔬菜基地发展冷库、冷藏保鲜车等蔬菜冷链物流项目，鼓励"电商"参与蔬菜产品销售，推进零售终端网络化，加快形成覆盖城乡居民点的农贸市场、肉菜市场、社区便民菜店、生鲜超市等蔬菜零售终端体系，减少中间环节，形成生产加工到批发市场绿色通道。第三，专业市场批发营销。以农产品专业批发市场为龙头，把建设中的兴国县农产品批发市场建成全县农产品的集散地和中转站，成为连接全国市场的桥梁和纽带，着力打造成为上连各大城市的市场和超市、下连千家万户的基地，形成生产基地+三级市场网络的"1+3"平台。加强与广州、深圳、厦门等目标市场的交流合作，发展对口供应蔬菜基地，全方位做好蔬菜生产、加工、储藏和销售的有效对接，实现产供销一条龙。借力国家烟草专卖局支援，依托烟草配送物流和营销网络，让兴国蔬菜真正"走出去"，解决蔬菜产业发展后顾之忧。

第三节　信丰县电子信息产业发展案例

信丰县将电子信息产业作为首位产业不放松，做大做强龙头企业，凝心聚力推动电子信息产业发展壮大，奋力打造"京九（江西）电子信息产业带"璀璨明珠和"赣粤电子信息产业带"核心区，探索出电子信息产业发展的"信丰模式"。截至 2019 年 9 月，全县电子信息产业投产企业 85 家，规上企业 39 家，比 2018 年同期增加 6 家，在建企业 21 家。

一、做大做强龙头企业

（一）招大引强

信丰县把招大引强作为电子信息产业发展的"源头活水"。一是专业招商。信丰县抽调招商能力强的优秀干部组建了 6 支专业招商小分队，分别侧重智能装备制造产业及 5G 产业、智能模组、新型电子元器件、电子新材料产业等，开展电子信息产业细分领域的专业招商。二是精准招商。锁定世界 500 强、中国 300 强、行业前 10 强企业和高科技"独角兽"企业以及瞪羚企业，主攻长珠闽、对接港澳台，实行精准对接、精准走访、精准跟踪、精准洽谈、精准引进，重点引进固定资产投资 10 亿元以上，特别是固定资产投资 20 亿元、30 亿元以上的航母型、引领性企业。三是社会招商。大力推行以商招商、乡情招商、市场招商，重奖非政府部门"招商功臣"，充分发挥已落户企业客商、乡贤的人脉作用，推动大型优质企业到信丰投资。截至 2019 年 7 月，信丰县引进固定资产投资 10 亿元以上电子信息类项目 15 个，其中 100 亿元以上 2 个、30 亿元以上 5 个；已落地 500 强企业 4 家、上市公司 15 家。特别是引进了投资 100 亿元的江西比亚迪电子、众恒光电，以及江西省最大的外资电子项目，即投资 5 亿美元的技研新阳电子等。

（二）扶优扶强

一是政策激励。出台奖励政策，对主营业务收入首次 10 亿~200 亿元的高新技术行业领军企业给予重奖，同一企业不断突破新的产值时，采取补差方式奖励。二是资金扶持。设立总量为33亿元的江银信丰产业发展引导基金、22亿元的电子信息产业发展引导基金，充分发挥"五个信贷通"作用帮助企业融资，扎实开展"映山红行动"，推动龙头电子信息企业上市。三是精准扶企。扎实开展"十个一揽"精准帮扶企业，全力破解企业用地、环评、供水、供电、用工等难题，切实解决制约企业发展的瓶颈问题。2017年底投产的合力泰江西比亚迪电子，已实现产值12亿元，成为信丰产值前二的企业①。

（三）补链强链

一是龙头引链。大力推行"龙头带配套、配套引龙头"的集群发展之路，通过龙头企业带动上下游配套企业跟进。江西比亚迪电子引进后，带动超150亿元关联产业、10多家上市公司或关联企业密集落户。智能制造项目智汇雨带动了5家整机生产、4家钣金机加工等配套企业跟进。二是园区聚链。建立电子信息产业园区集聚配套企业，投资30亿元兴建了信达电路科技园，建成1年多已入驻企业10多家，企业不出园区就能轻松实现线路板、覆铜基板、SMT贴片、智能制造等上下游产品互补配套。目前，信丰电子信息产业集群初具规模，上游形成了以总投资50亿元的恩铂力为代表的电子新材料产业链，中游有以江西比亚迪电子为代表的线路板产业链，下游有以智聚雨为代表的智能装备制造产业链。②

二、搭建平台聚集产业

（一）打造最优平台

一是扩容。信丰县在全面提升工业园区的同时，对城北工业新城高起点规划、高标准建设，撬动45亿元资金征拆，腾出了1.1万亩工业用块、4000亩工业配套用地，重点用于电子信息产业发展，彻底改变过去项目等用地的情况。成功调区扩区，信丰工业园区面积扩大至1511.61公顷。③二是增能。在完善交通、教育、信息、酒店等基础设施的同时，加快建设星泓教育园、外商服务中心、圣塔国际城等配套设施项目，推进新一代信息技术与工业互联网的深度融合，着力打造5G产业示范园区，不断完善园区功能。三是提质。信丰工业园区成功升级为省级高新技术产业园区，着力提升园区形象、提高建设品位，引进全国一流的规划设计机构"中南建筑设计院"和全国建筑行业龙头"中建三局"主导园区

①③　信丰县努力打造电子信息产业"京九明珠"［EB/OL］.中国赣州党务公开网，http：//www.gzdw.gov.cn/n289/n433/n18478582/c25175479/content.html，2019-07-19.

②　信丰县电子信息首位产业"成了气候"［EB/OL］.中国赣州党务公开网，http：//www.gzdw.gov.cn/n801280/n801369/c26297956/content.html，2019-08-12.

及重大项目的规划建设，着力打造内地最具吸引力的电子信息产业聚集区。

（二）制定最优政策

一是出台政策。出台了扶持电子信息产业发展特别优惠政策，对落户的电子信息类项目给予厂房建设、设备、固定资产投资、出口等方面的最大限度的奖补。二是设立基金。为解决电子信息产业龙头企业融资问题，信丰县设立了 22 亿元电子信息产业发展引导基金、1.2 亿元的高新技术企业增信基金。近几年，为江西比亚迪、福昌发等企业解决 20 多亿元的融资问题，加快了企业的投产达产。三是特事特办。在大型优质项目享受普惠性政策的同时，采取"一事一议"的办法，给大型优质项目提供用地、厂房建设、设备购置、科研等方面更为优惠的政策。如智汇雨智能制造产业园由政府先行代建厂房 70 万平方米，让企业腾出资金购买设备，不仅让企业顺利引进，还提前 6 个月实现生产。①

（三）提供最优服务

一是营造最优软环境。政府诚实守信、坚守承诺，百姓以信待人、以信办事，民风淳朴向善、路不拾遗。江西比亚迪、技研新阳等项目在近一年的建设期里，工地没有围墙也没有保安，却连一颗螺丝钉也没丢过。二是最大力度推进项目建设。推行"干部蹲一线、办公在工地、服务不出厂"工作机制，推动重大项目建设，抽调精干干部，把办公室搬到项目工地，不分白天黑夜，工地打卡，所有服务不出厂门。实行挂图作战，分层调度，切实抓好项目的落地、开工、推进、投产。2017年，总投资 100 亿元的江西比亚迪电子项目从签约到首期投产仅用 155 天，创造了行业新速度②。三是提供最高效的服务。围绕"审批最少、流程最短、成本最低"的目标，开展最优服务。针对引领性企业，帮助申报省市重点扶持工程项目，争取上级产业引导资金，着力解决务工人员的子女教育、医疗、住房困难，实施"20 万人大回流"工程，为企业用工提供帮助，特别是通过关停并转"僵尸企业"，把腾出来的环保牌、土地等资源聚焦投向电子信息优强企业。

三、技术创新驱动企业

（一）狠抓载体建设

一是支持创建。采取"企业+研发机构+资助政策"模式，推动企业建立各

---

① 信丰县努力打造电子信息产业"京九明珠"［EB/OL］. 中国赣州党务公开网，http：//www.gzdw. gov.cn/n289/n433/n18478582/c25175479/content.htm，2019-07-19.

② 江西省人民政府. 信丰县创新招商引资思路 推动电子信息产业快速发展［EB/OL］. http：// www.jiangxi.gov.cn/art/2020/12/4/art_12816_2962662.html，2020-12-04.

种研发中心、创新中心、博士后工作站、众创空间等区域性、企业性创新平台，集中扶持重点企业建设一批国家、省级重点实验室。二是引导迁入。鼓励落户企业整体迁入研发中心，随迁研发人员享受相应的人才引进政策，鼓励企业并购或建立海外研发机构。三是战略合作。以项目为纽带，加强与国内知名高校、科研机构、专家合作，建立科研战略联盟，加大科技引进创新力度。截至 2019 年，全县电子信息产业类省级工程技术研究中心 4 家、技术中心 2 家、工业设计中心 1 家，市级工程技术研究中心 5 家、市两化融合示范企业 2 家、市智能制造试点示范项目 3 个。①

（二）狠抓高新技术企业培育

一是大力培引高新技术企业。出台激励高新技术企业创新发展的若干政策，积极建立高新技术企业后备库，按照分类辅导原则，依托科技服务机构，实施"挖掘、培育、辅导、认定"全程专业服务，建立企业培育梯次成长机制，打造一批创新发展的标杆型企业。二是推动龙头企业创新转型。每年安排县级科技重大专项资金，用于支持龙头企业、电子信息产业的重大、关键和共性技术的研发，鼓励企业突破技术瓶颈，创新转型。截至 2019 年 9 月，全县 45 家国家高新技术企业中电子信息企业有 25 家，朝阳聚声泰（信丰）科技有限公司获评 2018 年度江西省潜在瞪羚企业。

（三）狠抓技术创新

一是强化专利引领。扎实推进国家知识产权强县工程试点县项目，建立健全县级知识产权管理体系，知识产权申请、授权量质并升，2018 年信丰县专利申请量 1118 件，发明专利申请量 89 件，专利授权量 596 件，其中电子信息产业专利 448 件。② 二是强化人才支撑。设立高层次人才引进专项基金，实施"10 万技工人信丰"工程，特别注重引进电子信息产业高层次人才，对省级以上电子信息类高层次人才实行"一事一议""一人（企）一策"引进政策。三是强化成果转化。鼓励企业、创新团队购买技术服务，降低企业研发成本，开发新产品、新技术、新工艺，争取国家、省级科技奖项。朝阳聚声泰（信丰）科技有限公司研发的新型隔音防噪耳机等 4 项专利技术成功转化为成果，实现销售收入 1.3 亿

① 信丰县努力打造电子信息产业"京九明珠" ［EB/OL］. 中国赣州党务公开网，http：// www.gzdw.gov.cn/n289/n433/n18478582/c25175479/content.htm，2019-07-09.

② 《赣州统计年鉴 2020》。

元，吸纳 400 人就业。①

参考文献

[1] 习近平：贯彻党中央精神不是喊口号 [EB/OL]．新华网，http：//www. xinhuanet. com/2018-04/13/c_1122679763. htm，2018-04-13.

[2] 邓冬猛．推进"12345"模式 产业扶贫出实效——兴国县产业扶贫调查 [J]．江西农业，2018 (7)：13-15.

[3] 深耕不辍育大梁! 解码信丰电子信息首位产业发展 [EB/OL]．澎湃网，https：//m. thepaper. cn/baijiahao_5328064，2019-12-23.

[4] 邓冬猛．兴国县：创新发展蔬菜产业 科技助力脱贫攻坚 [J]．中国农村科技，2019 (1)：54-57.

[5] 邓冬猛．兴国县产业扶贫出实效 [J]．新农村，2019 (8)：12-13.

[6] 信丰县努力打造电子信息产业"京九明珠" [EB/OL]．中国赣州党务公开网，http：//www. gzdw. gov. cn/n289/n433/n18478582/c25175479/content. html，2019-07-19.

---

① 信丰县努力打造电子信息产业"京九明珠" [EB/OL]．中国赣州党务公开网，http：//www. gzdw. gov. cn/n289/n433/n18478582/c25175479/content. htm，2019-07-19.

第九章　赣南老区生态治理实践

——以寻乌县为例

　　生态文明建设是中国特色社会主义事业"五位一体"总体布局的重要内容。党的十八大以来，习近平总书记就生态文明建设提出了一系列新理论新思想新战略，为建设美丽中国、实现中华民族永续发展指明了方向、提供了遵循。根据《中共中央　国务院关于加快推进生态文明建设的意见》、国家发展和改革委员会等六部委批复的《江西省生态文明先行示范区建设实施方案》、《中共江西省委江西省人民政府关于建设生态文明先行示范区的实施意见》等文件精神，寻乌县立足生态系统整体保护、系统修复和综合治理，坚持"生态立县，绿色崛起"发展理念，把历史遗留废弃矿山治理摆在突出位置，统筹山水林田湖草系统治理，全面开展山水林田湖草生态保护修复工程试点示范，大力推行"治山、净水、护林"三大工程，迈出"山更青、水更净、林更绿"的生态文明建设的坚实步伐，探索生态文明治理体系和治理能力现代化的新路径，已成为江西省打造国家生态文明试验区的先进样板，成功构建中国南方地区重要的生态屏障。

第一节　寻乌县生态文明治理成效

一、废弃矿山治理修复成效明显

　　寻乌县是全国有名的稀土之乡，稀土开采始于 1975 年，已有 40 多年的开采历史。由于稀土开采时间长，开采量大，造成了大面积"沟壑纵横，红色沙漠"的地形地貌，同时滑坡、泥石流、堰塞湖等地质灾害时有发生，水土流失和水体污染严重，土壤侵蚀规模大、矿区内近99%的土地处于废弃状态。据2017年调查统计，寻乌县废弃稀土矿山历年累计破坏面积达17.04平方千米。[①] 近年来，寻乌县牢牢抓住《国务院关于支持赣南等原中央苏区振兴发展的若干意见》（以下简称《若干意见》）中支持历史遗留矿山环境综合治理的利好政策，积极探索废弃稀土矿区"变废为宝"治理新模式。寻乌县先后推进文峰石排、柯树塘和涵水片区三个废弃矿山的综合治理与生态修复工程，从多方着手，多维举措，各部联动，成效显著，获得了《新闻联播》《直播长江》等多个中央节目的肯定性报道，全国人大和江西人大组团视察时也给予了高度评价，成功宣扬了江西省废弃矿山治理的"寻乌经验"。

寻乌县利用废弃稀土矿山打造工业园区、发展绿色产业以及全方位进行生态修复，探索了一条可持续发展的路子，较好地解决了环保与发展的矛盾问题。

第一，有效恢复了生态坏境。寻乌县探索的利用稀土废弃矿山治理模式，对环境问题与工业平台问题给予了"一篮子"解决。石排废弃稀土矿山地质环境治理示范工程的实施，一是可以减轻矿区下游地区农田及河流70%的尾砂淤积，减少矿区水土流失，遏制土壤砂化面积继续扩大；二是原废弃稀土矿区的植被覆盖率将由治理前的10%提高到80%以上，生物多样性得到有效恢复。

第二，有效提升了经济效益。一是破解了用地瓶颈。寻乌县以山地丘陵为主，其中山地占总面积的75.6%，利用稀土废弃矿山变废为宝打造工业园区，截至2019年9月已新增建设用地约6800多亩，有效解决了寻乌县用地短缺的问题，同时为承接周边产业转移提供了工业用地，有利于促进产业转型升级，进而促进区域经济发展；二是可新增林（草）地提高土地利用率，将间接产生经济效益；三是废弃矿山尾砂得以利用，矿山修复遏制了90%以上的尾砂淤积，尾砂再利用经济收益达2.2亿元。

第三，有效改善了人居环境。实施稀土废弃矿山治理工程，不仅统筹解决了环境与发展的矛盾问题，也改善了当地人居环境。一是消除了安全隐患。通过综合治理，消除了潜在的地质灾害隐患，促进了社会和谐稳定。二是改善了生活环境。以前每逢雨季泥沙俱下、泥水横流的状况将一去不返，沟壑纵横、寸草不生的荒凉之地将成为厂房林立、绿树成荫的省级产业园；植被恢复绿化区域以及原来的矿山剥采区、尾砂堆积区、环境影响区，通过治理，植被已经全部恢复，种植的松树呈现旺盛的生命力，生物的多样性开始初步显现。三是保护了东江水

---

① 笔者调研所得资料。

源，实现了东江水源水质稳步提升。

二、东江源水质治理成效显现

东江发源于寻乌县三标乡三桐村的桠髻钵山，寻乌县境内东江流域面积达2045平方千米，占江西东江流域面积的58.5%；寻乌县每年流入东江的水资源总量达18.3亿立方米，占江西境内流入东江水资源量的62.7%，是江西省内流域面积最大、流入量最多的东江源区县。长期以来，寻乌县牢固树立绿色发展理念，全面落实中央、省、市环保工作的决策部署，以"让东江流域群众和香港同胞喝上放心水"为己任，以"壮士断腕"的勇气担当，舍金山银山，保绿水青山，全力保护源区生态环境，取得了明显成效。

（一）水质持续改善

寻乌县东江源区水质逐年改善，据监测数据显示，2016年出境断面水质主要指标年均值为Ⅲ类以上，2017年出境断面水质主要指标年均值为Ⅱ类以上，2018年1~6月出境断面水质主要指标氨氮年均值同比下降63.42%。①

（二）禁渔净水成效显著

为推进东江源治水进程，寻乌县一直坚持禁渔放流。制订了《寻乌县2017—2019年渔政管理三年整治工作实施方案》，县财政安排专项资金近168万元用于禁渔，严禁电鱼、毒鱼、炸鱼等行为。同时，每年定期放养鱼苗，净化水生态环境。寻乌县严格执行国家产业政策，坚决拒绝高污染、高能耗等不利于环保的项目落户，经过洽谈、初审，累计拒绝不符合环保要求的项目280多个，并始终保持对生态违法行为的高压态势，成立了生态环境综合执法局，利用手机报、公告栏等公布举报电话，加强巡查监管，做到举报必查、违法必究。

（三）群众生态保护意识日益增强

寻乌县牢牢把握生态立县的舆论导向，着力提高群众保护生态环境的自觉性和主动性。成立了东江源生态保护协会，组织开展了"情系东江源、净水万人行""保护东江源、环保志愿行"等环保志愿活动。通过教育读本、街头咨询、宣传车（栏）、标语横幅、电视手机报播报、微博微信等多种方式，全方位、多角度大力宣传东江源保护的重要意义及政策法规，强化了从上到下保护东江源生态环境的意识，营造了浓厚的保护氛围。

---

① 江西寻乌打造"河长制"升级版［EB/OL］．中国经济网，https：//news.sina.com.cn/c/2018-08-18/doc-ihhxaafy3082423.shtml，2018-08-18.

（四）设施加快完善

在做好日常保护及严格监管的同时，不断完善环保基础设施及配套设施，污水及垃圾处理设施日益健全。一是完善污水处理设施。建设了日处理能力达1万吨的城市生活污水处理厂，完成城镇污水管网建设71.56千米。同步加快乡（镇）污水处理厂建设步伐，投入7800万元建设日处理1万吨的工业园污水处理厂及污水管网。二是完善垃圾处理设施。投资4860多万元建设了日处理68吨的生活垃圾填埋场，配套建设了污水处理站等相关设施。①

（五）环境提升明显

经过多年不懈努力，寻乌县生态环境质量提升明显。全县森林覆盖率由1979年的45%提高到2018年的81.5%，源头桠髻钵山的森林覆盖率达到了95%；东江源饮用水源水质稳定在Ⅱ类，东江源头保护区团丰桥考核断面水质稳定在Ⅱ类以上，地表水和东江源保护区水质满足环境功能区水质要求；空气环境质量达到国家一级标准；全县化学需氧量、二氧化硫、氨氮和氮氧化物等主要污染物排放总量不同程度地下降，均达到了年度计划控制指标和减排目标。②

三、低质低效林改造成效突出

寻乌县的重点改造对象是飞播马尾松低质低效林、崩岗等水土流失区域的低质低效林，以及没有适地适树形成的低质低效林。采取更替改造、补植改造、抚育改造、封育改造四种方式实施改造。

通过实施低质低效林改造，提高了森林抚育水平，增加了森林单位面积产量和效益，改善了生态环境，实现了生态效应和社会效应的"双赢"。

（一）提高了森林质量

通过在县城规划区、九曲湾库区等重点区域实施低质低效林改造，改善了林分结构，提高了全县森林质量。

（二）改善了人居环境

在低质低效林改造过程中，实施县城规划区山体复绿、九曲湾退果还林等工程，加快了寻乌县城乡绿化建设步伐，有效净化了污染物对环境的影响，进一步

---

① 水清岸绿河畅景美 江西寻乌倾力打造"河长制"升级版［EB/OL］．央广网，http：//news. enorth. com. cn/system/2018/08/19/035996547. shtml，2018-08-19.

② 寻乌县高质量推进东江流域上下游横向生态补偿试点［EB/OL］．改革网，https：//www. sogou. com/link? url=DSOYnZeCC_qPh9FtLsvwBQqPP_DwZjIa11zk_Qfr4MiCSFD5MYaTTlkxFVLyB8oyM_lYjIzdElo，2020-05-19.

改善了人居环境。如今，寻乌环境质量总体趋好，空气环境质量达到国家二级标准以上。

（三）保护了水源水质

寻乌是东江源头县，是广东人民、香港同胞的重要水源区，保护好源头一江清水意义重大。实施低质低效林改造后，九曲湾水库上游及沿河两边的林相和水土保持情况明显好转。饮用水源水质得到改善，长期稳定在Ⅱ类。

（四）增加了群众收入

实施低质低效林改造，调动了农户发展林业生产的积极性和主动性，提高了林产品经济效益，拓宽了群众的增收渠道，为同步小康目标奠定了坚实的基础。

第二节 寻乌县生态文明治理实践做法

一、科学举措，推动"废弃矿山"转向"金山银山"

坚持按照"宜林则林、宜耕则耕、宜工则工、宜水则水"的治理原则，统筹水域保护、矿山治理、土地整治、植被恢复四大类工程，探索"三同治"治理模式，实现"废弃矿山"变"绿水青山"。同时，通过项目治理，充分改善了当地生态环境，通过政府奖补、银行信贷、合作社和龙头企业带动等措施，帮助当地农户发展特色产业，因地制宜种植油茶、竹柏等经济作物，提升综合治理效益，实现"废弃矿山"变"金山银山"。

（一）多管齐下"增绿量"

寻乌县积极构建以生物多样性和植被覆盖率为导向的生态保护修复工程格局，对项目区治理前的植被调查结果显示，矿区内多为裸地，植物分布零散，植被种类较少，主要为芒萁、芒草、黑莎草，植被覆盖率为10.2%，生态植被严重蜕化。试点项目启动后，为确保植被数量有"增多"、面积有"增加"、质量有"提升"，一方面加强土壤改良、土地复垦力度，使土壤质地基本满足绝大多数植物生长条件；另一方面对每个平面、坡面采取种子撒播、苗木移栽的方式进行植被复种。通过对不同植被进行调查，发现治理范围内总体植被覆盖率已由10.2%提升至80%，植物品种由原来的 3~6 种增加到 100 余种，复绿效果较显著。①

（二）多域同治"提水质"

针对传统惯有的治山、造林、净水、护田各域分治的矿山治理模式，柯树塘废弃矿山环境综合治理与生态修复工程项目统筹考虑生态系统的完整性，形成山上山下同治、地上地下同治、流域上下游同治的"三同治"新模式，通过采取矿山地形整治、建挡土墙、截排水沟、修复边坡、植被恢复等措施，矿区内整体水土流失量由 359 立方米降至 32.3 立方米，控制率达到 91%，地表、边坡未出现大型沟壑或崩岗现象，全面消除了大型崩塌、泥石流等地质灾害。此外，通过采用高压旋喷桩、建设梯级人工湿地、乔灌草相结合、针阔相间等工程和生物措施，Ⅱ标段溪流氨氮含量由 251 毫克/升降低到 25.7 毫克/升，水体中的氨氮含量削减了 89.76%，入河水质大大改善，守护了东江源头的一泓清泉。②

（三）多措并举"惠民生"

2012 年开始，寻乌县正式启动石排废弃稀土矿矿山地质环境治理示范工程项目，并获中央专项资金 3.55 亿元。通过开展土地平整和改造，增加工业用地7000 亩，石排工业园区已吸引洛锡实业、埃尔集团、莫可铸造等 30 余家通用设备企业落户，总投资近 130 亿元，为社会提供了 4000 个以上的就业岗位，矿区附近乃至县城居民实现家门口就业，实现变"矿区"为"园区"。通过引进光伏企业，在石排村荒漠区引进诺通光伏电站，装机容量 10 兆瓦、年发电量 0.1007亿千瓦·时；在上甲村荒漠区引进爱康光伏电站，装机容量 30 兆瓦、年发电量 0.2868 亿千瓦·时，实现变"荒漠"为"财富"。此外，综合开发治理矿区周边土地 2824 亩，发展油茶种植 1236 亩，③ 实现变"沙"为"油"，探索出一条宜居、宜业、宜游的发展模式，提升了综合治理效益。

二、协同治理，推动"九龙治水"转向"抱团攻坚"

"山水林田湖草是一个生命共同体。"寻乌县坚持把统筹规划、整体推进作为首要前提，坚持全景式策划、全员性参与、全要素保障，攥指成拳，凝聚合力，积极构建"抱团攻坚"与"十指弹琴"协调统一的治理格局。

---

①② 赣州市林业局．山水林田湖草科学治理寻乌县废弃矿山重现绿水青山 [EB/OL]．http：//www.isenlin.cn/sf_5C98706D4B9441A881D638D7DFBA0D5E_209_79ADBCBE498.html，2018-08-21.

③ 寻乌有一片人工种植"草原"，废弃矿山重现绿色山林 [EB/OL]．今日寻乌，https：//www.so-hu.com/a/215101146_238318，2018-01-06.

（一）全景式策划

按照"规划先行、谋定后动"理念，打破水利、水保、环保、林业、矿管、交通等行业规划壁垒，坚持高定位、高质量、高标准设计修建性详细规划，突出抓好域内"景、村、山、水、田、林、草、路"为内容的八个一体化，规划设计域内"一山一水、一草一木、一桥一路、一景一村"。此外，寻乌县在部门科学制定、反复研讨文稿的基础上，印发了《寻乌县山水林田湖草生态保护修复项目实施方案》，作为全县山水林田湖草生态保护修复试点的纲领性指导性文件，做到项目实施"有章可循""有法可依"，确保试点工作不跑偏、不走样。

（二）全员性参与

为建立健全联动推动机制，切实强化山水林田湖草生态保护修复试点工作，寻乌县成立了由县委主要领导任组长、县政府主要领导任第一副组长的山水林田湖草项目建设工作领导小组，办公室设在县发展和改革委员会，相关单位主要负责同志为成员。在责任落实上，把柯树塘废弃稀土矿山环境综合治理与生态修复工程细化成Ⅰ、Ⅱ、Ⅲ、Ⅳ个标段项目，每个项目均明确责任领导、责任单位和责任人。同时，寻乌县将该项目列入"生态建设攻坚"项目进行调度，坚持每月一督查一通报，确保了项目顺利实施。在合力攻坚上，破解了"九龙治水"治理难题，实现了"十指弹琴"良好态势，办公室、项目责任单位、县直有关部门"抱团攻坚"，形成了统一的山水林田湖草生态保护修复试点工作协调机制，为项目顺利实施提供了坚实保障。

（三）全要素保障

县委、县政府对山水林田湖草生态保护修复项目实行要素保障"三优先"，即项目用地优先保障、项目配套资金优先保障、人员力量优先保障，确保项目推进"加速度"。在资金保障上，通过引进企业社会资本参与共建等方式来筹集项目资金。[1] 在人员保障上，县水利部门和丹溪乡人民政府克服自身人员紧张问题，各借调一名业务骨干至县山水林田湖草项目办公室，全力协助推进山水林田湖草生态保护修复试点工作。

三、战略治理，推动"资源经济"转向"生态经济"

建设生态文明是中华民族永续发展的千年大计。"既要金山银山，又要绿水青山"，寻乌县作为曾经的稀土生产大县，尽管现在有大量已探明的稀土储矿，

---

① 笔者调研所得资料。

但是寻乌决定不再开山挖矿，要把珍贵的矿产资源和绿水青山一起留给后世子孙。真正做到，不搞大开发，共抓大保护。

（一）强化联动促提升

寻乌县在 2018 年山水林田湖草生态保护修复项目——文峰乡涵水片区废弃矿山综合治理与生态修复工程中，立足文峰乡废弃稀土矿区系统治理，结合南桥镇青龙岩景区建设，着力打造旅游观光、体育健身胜地。项目总投资 2.99 亿元，① 主要建设内容包括：一是统筹生态治理与修复，大力推进实施废弃矿山环境修复、土地整治与土壤改良、植被复绿及人工湿地生态修复工程；二是统筹基础设施建设，改造提升 G206 国道至稀土废弃矿区道路 7 千米，打通至青龙岩旅游度假区道路 4 千米，建设自行车赛道 24.5 千米以及步行道 1.2 千米；三是统筹美丽乡村建设，按照统一规划、连片实施思路，推进上甲村美丽乡村建设，加大区域内空心房、危旧房、违章房的清理整治，开展"脏、乱、差"集中治理，加强农村垃圾清运和保洁，推进村庄洁化、绿化、亮化、美化，提升村庄整体风貌。

（二）强化创新促提升

寻乌县山水林田湖草生态保护修复项目将按照依山就势的原则，充分发挥当地山水地貌资源优势，着力提升综合治理效益，努力打造旅游、休闲目的地，建成生物资源与生态景观相协调的系统工程，将昔日的废弃矿山变成绿水青山，实现格局优化、系统稳定、功能提升的目标，在发展中保护，在保护中发展，推动"资源经济"向"生态经济"转变。

四、全局把控，推动"政府治理"转向"全民参与"

（一）"四治"同步，综合治理

在县委、县政府高度重视及正确领导下，紧紧围绕"水质治理为导向"的中心目标，"治山、治土、治水、治污"四治同步推进，从山上治到山下，因地制宜，科学选择林草品种，综合施策治山；聚焦土壤沙化现象，以土壤改良为抓手，改善土壤理化性质，提高土壤地力，综合治土；以河道治理为中心，整治河道，理顺水系，两岸同治，科学治水；以人工湿地、氧化塘、水生植物等生物措施重点治污，实现水质氨氮削减率达 90% 以上。通过"四治"同步综合治理，实现实施后能看得见树、看得见草、看得见清澈河水的效果，恢复废弃稀土矿山

---

① 笔者调研所得资料。

"山水林田湖"的立体生态系统，使项目发挥出应有的社会效益、经济效益、生态效益。

（二）"四资"共建，盘活资金

一是以中央奖补资金引领建设。通过基础奖补资金 7353.14 万元，统筹地方配套、民间资本、社会投资等，多方位筹措建设资金，充分盘活基础奖补资金。二是以地方配套资金促进建设。通过县财政安排资金设立县级生态基金，加大资金筹措力度，提高资金使用效率。三是利用民间资本参与建设。通过与爱康光伏发电厂和颖川堂绿色食品有限公司两家企业合作，协同规划，参与治理，充分利用民间资本参与山水林田湖项目建设。四是引进社会技术资源支持建设。通过整合广东中联兴环保科技有限公司技术资源，将稀土废弃矿区生态修复获取的 10 项国家专利，就地转化成应用成果，充分利用与南昌工程学院的技术、课题合作，创新校地稀土废弃矿区生态修复的新模式。①

第三节　寻乌县生态文明治理启示

寻乌县在生态文明建设工作推进过程中，深入理解、践行国家试点相关文件要求，成功构建了一道南方的生态屏障，为其他革命老区生态治理提供了一个可复制、可借鉴、可推广的样本，提供了具备"寻乌智慧"的生态治理经验、启示。

一、科学谋划，高位统筹，一盘棋协调推进

党的十八大以来，寻乌县委县政府高度重视生态建设，立足寻乌具体实际，率先进行顶层设计，成立由县委主要领导任组长，县政府主要领导任第一副组长的山水田湖草项目建设工作领导小组，办公室设在县发展和改革委，县发展和改革委主任担任办公室主任，相关单位主要负责同志为成员，县委、县政府主要领导亲自过问、亲自协调、亲自调度，县山水林田湖草项目办公室负责制定项目、资金等管理办法，组织协调项目实施，责任单位具体负责项目实施，确保问题在第一时间得到研究和解决，高位统筹推进废弃矿山修复等工作，全面负责生态文明示范县的整体协调和统筹推进。同时，制定《寻乌县生态文明建设管理办法

---

① 笔者调研所得资料。

（试行）》《寻乌县生态文明建设领导干部约谈制度（试行）》等制度文件，确保生态治理工作的实施。

二、夯实基础，资金保障，一条线保护生态

一是环境保护"严"。寻乌县连续 10 年实行全县封山育林政策，严格执行环境影响评价制度，拒绝不符合环保要求的项目落户。寻乌县计划以柯树塘废弃稀土矿区为核心区，辐射上甲村及周边区域，连接青龙岩旅游景区，充分发挥当地山水地貌资源优势，配合环境整治和新农村建设，融合现代农业、旅游等业态要素，着力提升综合治理效益，因地制宜，努力打造旅游、休闲目的地，将昔日"废弃矿山"变成今日"绿水青山""金山银山"，建成环境资源与生态景观相协调的系统工程，提升和发挥山水林田湖草生态保护修复工程的效益。二是资金投入"大"。在生态投入上财政一直优先保障、优先安排。县委、县政府对山水林田湖草生态保护修复项目实行要素优先保障，从有关部门抽调精干人员到县山水林田湖草项目办公室集中办公，项目用地优先保障，承诺项目配套资金优先保障，承诺县财政最后兜底。在项目资金保障上，通过引进企业社会资本参与共建等方式筹集项目资金，县政府承诺项目资金由财政最后兜底保障。[①] 三是理念覆盖"广"。寻乌县始终坚持把生态效益和经济效益相结合，寻求市场化的道路提升效益，让参与各方共享生态治理成果，给当地群众带来看得见的经济实惠。

三、整合措施，部门联动，一张网实现覆盖

以往矿山修复等生态治理，县矿管、环保、水利、国土、林业等部门各管一块，各部门资金专项专治，相对独立，"九龙治水"，造成治理过程信息不对称、治理效果不显著、部门之间职责推诿，导致修复工作难以畅通有效开展。为解决这一难题，寻乌县屡出奇招，打破这种"碎片化"的治理格局，开展矿管、环保、水利、国土、林业等部门联动综合治理，将"九龙治水"转变为"合力修复"，走出了一条"既能统一管理，又能各尽其职"的新路子。寻乌县改变过去治山、治水、整地、造林各自为政的混乱局面，坚持以生物措施为主，工程措施与生物措施相结合的方式，同时开展对山上山下、地上地下以及流域上下游的综合治理、整体保护和系统修复，按照生命共同体的理念，构建项目区山水林田湖草协调的空间格局。同时，在地形整治、道路修建、截水拦沙、植被恢复等措施

---

① 笔者调研所得资料。

的实施中，充分考虑项目区的山形地貌，避免大规模的搬山运动。对植被破坏严重的地表土壤采取整地、回填客土、下基肥的措施进行改良，讲究科学，避免人工过度干预，保持项目区域生态系统的基本稳定。坚持保护为主、治理优先、随形就势、因地制宜的原则，通过植被恢复等适度人工干预措施，营造自然生态恢复条件，使项目区的自然生态系统功能得到逐步自我修复。

四、盯住末端，加大考核，多举措保障效果

山水林田湖草的治理工作，是一项系统工程，涉及面较广，涉及部门较多，管理难度较大。为确保修复工作取得实实在在的效果，寻乌县委县政府坚持把环境保护工作纳入各乡镇和县直（属）各单位年度考核，进一步加大考核权重，强化指标约束。在山水林田湖草生态保护修复项目建设方面，为了巩固治理效果，业主单位与施工单位签订了补充协议，明确将考核时间延长至四年（含）以上，实行项目资金拨付与考核指标相挂钩，即治理考核未达标则相应扣减项目工程款。在生态环境损害责任追究方面，坚持党政同责，权责一致，终身追究。这些举措为寻乌县山水林田湖草生态保护修复工作建立了强有力的保障。

参考文献

［1］中共江西省委　江西省人民政府贯彻落实《国务院关于支持赣南等原中央苏区振兴发展的若干意见》的实施意见［J］．江西省人民政府公报，2012（15）：12-28．

［2］胡细英，熊小英．东江源头县——寻乌县水环境生态保护研究［J］．经济地理，2004（5）：588-591．

［3］王攀，张敏．江西"沼气工程"保护东江源头生态林［N］．科技日报，2004-01-12．

［4］林佛招．"山水林田湖草"系统治理的寻乌示范［J］．当代江西，2019（8）：31-32．

［5］习近平：建设生态文明是中华民族永续发展的千年大计［EB/OL］．人民网，http://m.people.cn/n4/2017/1018/c204500-9999769.html，2017-10-18．

［6］赵珍华．关于寻乌县东江源区水保生态建设的建议［J］．中国水土保持，2009（5）：47-48．

第十章　赣南老区乡村振兴实践
——以全南县、信丰县为例

第一节　信丰县乡村振兴发展案例

自《国务院关于支持赣南等原中央苏区振兴发展的若干意见》（国发〔2012〕21 号）出台实施以来，信丰县积极作为，主动抢抓国家实施赣南等原中央苏区振兴发展战略和开展中央国家机关及有关单位对口支援原中央苏区振兴发展工作的重大发展机遇，紧扣"工业更强、农村更富、城市更美、民生更实、风气更好"五个重点，打好主攻工业、新型城镇化、现代农业、现代服务业、基础设施建设攻坚战，着力推动全县创建高质量发展示范区，全县经济社会发展迈上新台阶，主要经济指标增速高于全国、全省、全市平均水平。

一、工业经济发展势头强劲，加速打造赣粤电子信息产业带核心板块

信丰县始终把主攻工业作为信丰县安身立命的头等大事来抓，按照《赣闽粤原中央苏区振兴发展规划》中"建设全国重要的电子信息产业基地"的要求，确立了电子信息首位产业发展目标，全力发展电子信息产业集群，打造赣粤电子信息产业带核心板块，工业经济持续多年保持迅猛发展势头。

（一）招大引强成效显著

近几年，信丰县先后引进了合力泰科技园、众恒科技园两个总投资超百亿元的重大项目，以及恩铂力、智汇雨、安缔诺、技研新阳等大企业，为信丰县打造电子信息首位产业注入了强劲动力。

（二）产业发展平台进一步优化

获批建设省级产城融合示范区，按照"一年拉开框架、三年基本成型"的要求，高起点、高标准打造了星鸿教育园、外商服务中心、圣塔国际城等配套设施项目；信丰工业园区成功更名为江西信丰高新技术产业园区，调区扩区成功获批，园区总体规划面积扩大至 1511.61 公顷，为原来的 2.27 倍①。

（三）创新驱动发展取得初步成效

积极推动企业转型升级，支持企业加快创新转型步伐，对企业进行"十个一批"实施分类精准帮扶，工业园区企业竞争力进一步增强。截至 2018 年底，全县拥有高新技术企业 30 家，拥有国家级工程技术研究中心 1 家、省级工程技术研究中心 6 家，省级企业技术研究中心 3 家，2015~2017 年连续三年被授予"全省专利十强县"称号，2018 年获批江西省首批创新型县（市、区）试点县。2018 年，信丰县作为工业强省推进大会和全市工业流动现场会的参观县（市、区）之一接受了省、市检阅，多次得到省、市主要领导的点名表扬，成为江西省主攻工业的典范。

二、现代农业龙头昂起，着力推进乡村振兴战略全面实施

通过引进农夫山泉股份有限公司、寿光蔬菜产业控股集团、温氏食品集团股份有限公司等农业龙头企业，全力打造脐橙、蔬菜、生猪三大农业主导产业。信丰县 2015 年被农业农村部认定为第三批国家现代农业示范区、2017 年被农业农村部列为全国首批畜牧业绿色发展示范县。信丰县现代农业产业园 2018 年被农业农村部认定为全国首批国家现代农业产业园。

（一）脐橙产业走上高质量发展道路

截至 2018 年新开发和恢复脐橙生产面积 9 万多亩，推进 100 个柑橘黄龙病防控示范区和 110 个标准果园建设，320 亩丰树园现代化柑橘苗木繁育基地基本建成，柑橘黄龙病防控得到有效遏制，全县脐橙种植面积 2018 年恢复到 23 万亩，鲜果产量达 10 万吨以上，柑橘黄龙病发病率大幅降低。② 以国家现代农业示范区、国家现代农业产业园建设（创建）为龙头，高标准打造了中国赣南脐橙产业园，以脐橙产业为主导的农业产业规模化、现代化水平加速提升。

---

① 赣州信丰工业园区正式更名为信丰高新技术产业园区［EB/OL］.江西新闻网，https：//jiangxi. jx-news. com. cn/system/2018/08/29/017094507. shtml，2018-08-29.

② 振兴发展这八年橙乡信丰谱新篇［EB/OL］.中国青年网，https：//df. youth. cn/dfzl/202006/t20200628_12387369. htm，2020-06-28.

（二）蔬菜产业规模化、品牌化发展

引进寿光蔬菜产业控股集团，投资新建万亩蔬菜生产加工项目，全县千亩以上蔬菜基地达 6 个，蔬菜种植面积达 23.9 万亩；全力推进高标准农田建设工作，农业综合生产能力不断提高，2017 年完成高标准农田建设任务 3.4 万亩，2018 年又加速建设 3 万亩。①

（三）特色林业加快发展

2013 年以来，全县完成高产油茶新造林面积 31784 亩、油茶低产林改造面积 29491 亩，超额完成上级下达目标任务。② 烟叶、草菇、红瓜子、萝卜等区域特色产业优势逐步显现，努力打造全国浓香型特色优质烟叶示范基地，成为全国最大红瓜子集散地。

三、第三产业蓬勃发展，现代服务业发展势头良好

现代旅游破茧成蝶，中国赣南脐橙产业园被评定为国家 AAAA 级旅游景区，是全国首个以脐橙文化为主题的旅游景区，结束了信丰县无 AAAA 级旅游景区的历史，新田坪地山旅游景区、安西田垅畲族风情园分别被认定为国家 AAA 级旅游景区和省 AAA 级乡村旅游点；谷山森林公园核心区已成型，信丰阁对市民开放，香山地质公园景观线路初步建成；桃江大酒店建成开业，花园湾格兰云天五星级酒店破土启建，桃江湿地公园建成对外开放，桃江湿地公园二期加快建设；新建旅游公厕，并成功举办了"三月三"乌饭节、艾米果节、杨梅节等大型乡村旅游活动，乡村旅游服务水平不断提升。电商物流产业加速发展，2018 年全县电商交易额达 32.5 亿元，广渠、华洲被评为国家 AAA 级物流企业，双佳、晨逸、聚翔被评为国家 AA 级物流企业，市规模以上物流企业达 8 家。

四、基础设施日臻完善，发展短板不断补齐

围绕补齐发展短板，打好交通、电力、水利、通信网络建设四大战役，使信丰基础设施得到重大完善，围绕打造赣州南部重要交通节点城市，全力推进一批铁路、高速公路、国省道、农村公路等交通基础设施建设项目。

铁路、公路方面：赣深高铁的建设，使信丰县跨入高铁时代；寻全高速、大广高速信丰北互通、G105 绕城改建、G105 西牛至石井、铁石口高速连接线、S317 坪石至安西等一批公路项目建成通车，信丰至广东南雄高速公路列入省高

---

① ② 笔者调研所得资料。

速公路网规划和省"十三五"规划；S317坪石至大塘、G105物流城至大塘等一批国省道建设项目正在加快实施；全面实施农村公路升级改建工程，启动了"四好农村路"创建工作；信丰县通用机场建设已列入《江西省通用机场规划布局（2016—2030年）》。

电力、能源方面：信丰电厂项目列入国家《电力发展"十三五"规划（2016—2020年）》，取得建设"路条"，正在加快推进新旧投资主体变更，等待项目核准；信丰县生活垃圾焚烧发电厂项目建成投运。2013年以来，信丰县投入农网改造资金6.85亿元，开工建设了大塘220千伏输变电工程，正平、古陂、花园110千伏，万隆、崇仙、小江35千伏等一批输变电工程，按照"整乡整镇"模式改造乡镇2个，供电可靠率进一步提升，在赣州全市率先迈入全国小康用电示范县，全县智能电表覆盖率达到100%。①

水利基础设施方面：2013~2018年完成一批农村饮水安全集中供水工程，饮水安全问题得到有效解决；完成一批病险水库除险加固、中小河流治理工程，加大小型农田水利重点县建设投入，水利基础设施进一步完善；水环境整治工作成效显著，全县小型及以上水库全部退出承包经营，实行"人放天养"，禁养区全面退出养殖，限养区、可养区内养殖企业无害化处理设施建设到位；黄坑口水源工程、三只水水源工程建设项目正在加快推动。

通信服务方面：大力实施"宽带中国"战略专项行动，2013年全县实现互联网宽带接口乡镇全覆盖，2015年底学校等社会公益机构均接入宽带网络，2015年城市和农村家庭宽带接入能力基本达到50兆位/秒、20兆位/秒。实施移动通信网络升级工程，2013年3G移动通信网络覆盖所有行政村，2017年实现4G移动通信网络和宽带网络行政村全覆盖，2018年全县自然村4G通信网络覆盖率达95%，光纤宽带覆盖率达96.8%。②

五、体制机制改革全面深化，发展环境逐步优化

积极推进行政审批服务制度改革，破除机制体制障碍，为加快振兴发展提供了良好的政务环境。全面梳理行政审批事项，积极推行"一窗式"审批服务模式改革、建设项目并联审批、互联网+政府服务等一系列优化行政审批服务的举措；在江西省率先启用不动产登记一体化系统，服务效率大幅提升；梳理了一批

---

① 信丰县政府工作报告（2013-2018年）。
② 2018年信丰县政府工作报告。

"最多跑一次""一次不用跑"行政审批事项清单；农村承包土地经营权确权登记颁证试点工作经验在江西省推广，建立了数据库和信息管理平台；① 农村土地承包经营权抵押贷款工作全面完成，经验做法得到中国人民银行的肯定，土地资源有效盘活；国有林场改革高质量完成，整合林场资源、安置林场职工的经验做法在全国推介，户籍制度改革全面推进，打破原城乡二元户籍制度，建立了城乡统一的居民户口登记制度，城乡居民基本公共服务均等化迈出关键步伐。

六、上下一心，全力配合，共同推进乡村振兴

（一）抓住人才，全力服务好对口支援工作

信丰县始终把开展对口支援工作作为加快推进老区振兴发展的重要机遇，全力服务好对口支援工作。一是积极推动受援地和支援单位交流互动。对口支援工作开展以来，农业农村部、国家能源局与信丰县每年均保持高频率、高规格的互动交流。二是推动对口支援政策完善。对口支援单位为做好对口支援工作提供依据和遵循，在制订长期对口支援工作方案的同时，每年根据信丰县实际需要，制订出台年度对口支援工作方案，并按照既定方案抓好贯彻落实。三是加大人才交流培训力度。农业农村部、国家能源局与信丰县互派挂职干部，农业农村部、国家能源局根据中共中央委员会组织部统一安排，先后派出三批挂职干部到信丰县挂职锻炼，有力推动了对口支援各项工作落实，信丰县也安排中青年干部到对口支援部委挂职锻炼；农业农村部2016年组织赣州市农业系统领导干部近60人在农业农村部管理干部学院举办了赣州市现代农业专题培训班，先后多次组织信丰县干部到四川、广西及省内有关地区考察学习，国家能源局2015~2018年连续四年组织信丰县贫困家庭小学生代表和教师代表赴京游学，2017年、2018年连续两年组织信丰县基层干部到山东寿光开展业务培训、参加国家能源局新入局干部培训。

（二）抓住机遇，全力抓好试点示范平台建设

信丰县抢抓国家在政策层面对赣南苏区特殊扶持的历史机遇，争取国家、省在信丰县布局了国家现代农业产业园、国家现代农业示范区、国家小康用电示范县、农村土地承包经营权抵押贷款试点、国家电子商务进农村综合示范点、国家特殊教育改革实验区及国家知识产权强县工程试点县等一批试点示范和重大平台项目，并认真抓好试点示范和重大平台项目的实施。一是强化组织保障。每个试

---

① 农业部对口帮扶信丰县的经验与启示［N］. 农民日报，2017-08-03.

点示范及重大平台项目在县级层面均成立了工作领导小组，统筹负责试点示范和重大平台项目的推进。二是强化规划引领。试点示范和重大平台项目均高起点制订了总体实施方案，并根据时序进度安排，制订了年度推进工作方案，确保了试点示范和重大平台项目科学有序推进。三是强化要素保障。根据试点示范和重大平台项目推进需要，信丰县在项目推进所需的资金、土地、人才及政策方面给予充分保障，为项目推进提供了有力支撑。四是经验、做法宣传推广效果良好。在信丰县的全力推进下，国家现代农业产业园、国家小康用电示范县、农村土地承包经营权抵押贷款试点、国家电子商务进农村综合示范点及国家知识产权强县工程试点县等一批试点示范和重大平台项目推出一批好做法、好经验，中央、省级有关媒体进行了宣传报道。

第二节　全南县乡村振兴发展案例

全南县，江西省赣州市辖县，地处江西省最南端，素有"江西南大门"之称。自乡村振兴"二十字"方针总要求发布以来，全南县以新发展理念为引领，以供给侧结构性改革为主线，以促进农民增收为核心狠抓各项工作落实，有力促进了农民增收、农业发展、乡村振兴。全南县先后被评为江西省现代农业发展先进工作县、江西省新农村建设工作先进县、江西省农业一二三产业融合试点示范县等一系列荣誉称号。

一、产业着手，保证增收源头

（一）发展支柱产业，保证增收来源稳定

全南县立足自身特色，大力推动高山蔬菜、供港生猪、林下灵芝、芳香花木四大支柱产业规模化、品质化、标准化、融合化发展，着力建设"产业生态、产品绿色、产业融合、产出高效"的现代农业发展新格局。大力发展蔬菜农业首位产业，按照全产业链的发展思路，《全南县蔬菜产业发展规划（2011—2015 年）》规定，截至 2019 年建成 50 亩以上蔬菜基地 55 个，年蔬菜播种面积达 11.3 万亩，蔬菜总产量 22.54 万吨、产值 3.64 亿元。推动林下经济扩面增效，2019 年林下灵芝种植面积扩大到 1.5 万亩①。在扩大种植面积的基础上，引进大健康高新科技产业园、春申堂生物科技等项目，发展灵芝深加工，延伸产业链条，推动灵芝产业向加工、药用方向发展。加快芳香花木融合发展，2019 年总面积达 10 万亩。2018 年香韵兰花基地建成面积 800 亩，成为我国单体面积最大的国兰基地。推动生猪生产标准化、规范化、清洁化发展，2018 年生猪年出栏达到 30.18 万头。②

（二）培育产业龙头，引领增收来源方式

蔬菜产业以江禾田园综合体为龙头，建成高山蔬菜百亩冷链物流区、千亩蔬菜科技核心区、万亩蔬菜联产联销区和 2 万亩蔬菜辐射带动区，实现联产联销种植面积 1.2 万亩，辐射带动面积 3 万亩。林下灵芝以高峰公司为龙头，发展林下灵芝种植 8 万亩；引进中国网库集团设立全国灵芝单品网上交易平台，全国所有灵芝网上销售和结算统一在全南平台进行，上线运营以来网上入驻企业达 2200 多家，交易额超 4200 万元。芳香花木以南迳香韵兰花基地为龙头，高品质打造香韵兰花基地③，着力建设江西省最大的集生态休闲、旅游观光及科研于一体的四季兰花基地。供港生猪以现代牧业为龙头，依托"国家级生猪活体储备基地场"平台，建设 6 个生态化养殖小区，建成年出栏 30 万头的集供港生猪供应、饲料加工和肉产品深加工为一体的生猪产业基地。

（三）构建产销体系，拓宽增收来源渠道

瞄准粤港澳大湾区等高端市场需求，着力打通品质与市场的有机连接，一头提高生产品质，另一头对接粤港澳大湾区餐桌。一方面，大力发展无公害农产品、绿色食品、有机食品和地理标志产品，"高峰"灵芝、"月秀"蓝莓、"烧斗"葡萄、"铁之粱"黑花生和紫薯等农产品获得有机产品认证，"桃江源"植木和"高山"蔬菜分别被评为江西省著名商标。另一方面，积极拓展粤港澳大湾区等农产品市场，完善农产品销售网络，不断拓宽销售渠道。通过直销、订单销售、农超对接等方式，与珠三角地区最大的果蔬批发市场——广州江南果菜批发市场签订高山蔬菜供穗直销点协议，成为江西省唯一与江南果菜批发市场签订直销协议的县，每年供港蔬菜 2.2 万吨。依托中农益康供港、和众农业供深、全南天成供广等销售渠道，建立 300 亩蔬菜基地与沿海发达地区高档社区的蔬菜供

---

① 《全南县 2019 年蔬菜产业发展工作方案》。

② 全南：芳香产业激活"美丽经济"［EB/OL］. 客家新闻网，https：//jxgz. jxnews. com. cn/system/2020/12/15/019130167. shtml，2020-12-15.

③ 笔者调研所得资料。

应合作体系。依托华行农业蔬菜鲜生超市、江禾公司联产联销渠道，将蔬菜基地与大型超市对接，平均每天有 3 吨多蔬菜进驻赣州、深圳超市①。

二、技术着手，保证生产水平

（一）培育新型经营主体

大力推进农业经营体制改革，培育专业大户、家庭农场、农民合作社等新型农业经营主体，推进土地流转、土地托管、订单服务等多种形式的适度规模经营，培育农民专业合作社 283 家、家庭农场 103 家，其中蔬菜专业合作社覆盖了 60%的村。② 同时，大力发展基本菜农，带动农民深度融入蔬菜产业发展，通过土地、资金、技术、劳动力等手段或采取合同制、订单制、委托制、代理制等方式，促进龙头企业、合作社与农户由带动向合作转变。

（二）强化科技支撑作用

大力推广吊蔓栽培、长茬校培、深浸根轮作、绿色防控、土壤改良等技术，积极使用水肥一体、生物调节等机械化装备。加快推进高效种植示范基地建设，不断提升乡镇蔬菜标准化示范基地和蔬菜大棚后续的管护和利用水平，引导专业化种植、标准化生产。通过课堂培训与基地实训相结合的方式，加强蔬菜生产技术培训和服务指导，集中培训业务骨干、种菜主体 500 余人，积极组织技术人员、规模蔬菜基地负责人和技术骨干以及蔬菜种植大户外出学习先进种植技术和经营管理经验。

（三）完善农田基础设施

全南县自 2017 年以来三年连续整合财政资金超 16 亿元，引领带动全县农业产业转型升级，从"看天吃饭"到品质高效，大力发展设施农业、智慧农业。2015~2017 年连续三年年均投资超过 3.6 亿元，铺设机耕道、浇铸水渠、改造标准化农田、提升农业电网，形成了旱能灌、涝能排、路相通、渠相连的农业生产格局。设立 2000 万元专项账户，专门补贴架设钢架大棚等农业设施，建成蔬菜钢架大棚面积 10200 亩。③

---

① "定制化"帮扶全南外贸赶超发展［EB/OL］. 中国商务新闻网，https：//www.163.com/dy/article/FBVCU40E0519EOS3.html，2020-05-06.

② 全南县大力培育新型经营主体助力推动乡村振兴［EB/OL］. 全南县政府公开网，2021-01-11.

③ 全南县政府工作报告（2017-2020 年）。

三、宜居着手，建设美丽乡村

（一）整治村容村貌

统筹推进治垃圾、治污水、治厕所、治脏乱，着力打造优美宜居的人居环境。治理垃圾方面，投入1.231亿元实施城乡环卫一体化市场化运作，新建城乡压缩式垃圾中转站10座；农村生活垃圾专项治理顺利通过国检验收。治理河水方面，"先试先行"处理农村污水，在9个乡镇建设污水处理站，完成主管网铺设，建成微动力、氧化塘等村组污水处理设施48个，完成重点村庄污水处理设施37个。治理厕所方面，以"厕所革命"为抓手，因地制宜普及不同水平的农户家庭卫生厕所，推进农村公共厕所建设，完成新建或改建户厕4758座、公厕156座，"厕所革命"做法成为全市典型。治理脏乱方面，全面开展铁皮棚清理"歼灭战"，拆除城乡铁皮棚、蓝皮棚19.08万平方米；集中力量拆除"空心房"和危旧土坯房，累计拆除3702万平方米。① 全南县被评为江西省新农村建设工作先进组，成为全市农村人居环境整治唯一试点县。

（二）发展美丽经济

大力发展现代农业"互联网+""旅游+"等新业态，促进一二三产业融合发展，被列为江西省农村一二三产业融合试点示范县。着力构筑农业平台，开发农业多种功能，将新技术、新业态和新模式引入农业，构建以高山蔬菜科技产业园、南迳现代农业示范园为核心，建成芳香花木产业园、古韵梅园、葡萄产业园、兰花产业园、愉茶产业园、灵芝产业园等为支撑的现代农业产业体系。积极推动农旅融合，打造天龙山、雅溪古村、沙坝仔神农文化园、高车乡村公园、江禾田园综合体等一批集生活、生产和生态于一体的景区、景点，推动现代农业与旅游休闲、农耕体验、文化传承、健康养生、生态保护等深度融合。大力推进农业"触网"，充分发挥商务部对口支援优势，大力发展电子商务进农村，完善农村电子商务服务体系，支持"邮乐购"等农产品电子商务平台建设，形成线上线下融合，农产品进城和农资、消费品下乡的双向流通格局。

（三）树立文明乡风

依托新时代文明实践中心这一实体阵地，扎实开展乡风文明建设工作，持续丰富乡风底蕴。不断提高乡村社会文明程度，创新构筑"道德看台"，出台了《关于开展道德"红黑榜"评议发布活动的通知》《关于进一步规范道德"红黑

---

① 2020年全南县政府工作报告。

榜"评议发布活动的通知》等系列文件，成立了道德"红黑榜"评议会，每季度开展一次评议发布活动。落实"奖惩并举"制度，对孝亲敬老、邻里和睦、庭院整洁、勤劳致富、带头移风易俗的先进典型用"红榜"进行表彰宣传，对不孝行为、庭院环境脏乱差、赌博败家、大操大办、好吃懒做、"坐等靠"政府救济的反面典型用"黑榜"进行曝光批评。积授倡导"绿色殡葬"，推广成立乡村"红白理事会"，连续16年实现遗体火化率100%，农村封建迷信、大操大办、丧葬陋习得到有效转变，全南县被列为赣州市精神文明建设工作会议观摩点。

参考文献

［1］刘滨，李春梅，陈龙. 人信物丰客自来　高质量发展更精彩［N］. 江西日报，2019-02-01（005）.

［2］李炳军：扎扎实实抓项目　打好"六大攻坚战"［EB/OL］. https：//www. sohu. com/a/60883118_119921，2016-02-28.

［3］国家发展和改革委员会. 赣闽粤原中央苏区振兴发展规划［Z］. 2014.

［4］信丰扎实打好现代农业攻坚战［EB/OL］. https：//jxgz. jxnews. com. cn/system/2020/04/22/0/8860175. shtml，2020-04-22.

［5］中央国家机关及有关单位对口支援赣南等原中央苏区实施方案［N］. 赣南日报，2013-08-31（001）.

对策篇

第十一章　国家优先支持赣南老区高质量发展举措

　　赣南等原中央苏区，是土地革命战争时期中国共产党创建的最大、最重要、最具代表性的革命根据地，是中华人民共和国的摇篮和苏区精神的主要发源地，为中国革命做出了重大贡献和巨大牺牲。然而，由于自然条件、资源禀赋、战争创伤等多方面的原因，经济社会发展依然滞后，特别是作为核心区域的赣南苏区，仍是全国较大的集中连片特殊困难地区，经济社会发展水平仍然比较落后。为彻底改变赣南的贫困状况，进一步推动赣南老区经济社会高质量发展，2012年6月28日，国务院出台了《关于支持赣南等原中央苏区振兴发展的若干意见》（以下简称《若干意见》），标志着赣南等原中央苏区振兴发展上升为国家战略。2014年3月11日，国务院批复了《赣闽粤原中央苏区振兴发展规划》，赣南等原中央苏区振兴发展拉开了序幕，翻开了新的篇章。

　　国家各部委对口支援赣州发展的各项优惠政策也陆续出台，支持力度持续加大。在习近平新时代中国特色社会主义思想的指引下，《若干意见》紧紧围绕政治、经济、社会、生态、文化五个方面，赋予赣南苏区振兴发展的五个战略定位，解放思想、内外兼修、北上南下，突出打好六大攻坚战，有力推动了赣南老区高质量发展。

第一节　推动赣南老区产业高质量发展

　　按照党中央、国务院决策部署，2013年中共中央委员会组织部、国家发展和改革委员会牵头，有关中央国家机关及单位启动实施了对口支援赣南等原中央苏区的工作。为加快促进赣南老区产业高质量转型，挂职干部发挥熟悉政策优势，结合受援地经济社会发展需要，支持赣南老区大力发展特色优势产业。各对口支援部委采取相应措施极大推动了赣南老区高质量发展。

一、江西省工业和信息化厅支持赣南老区新一轮产业高质量发展

2020 年，江西省工业和信息化厅出台了《关于新时代支持赣南等原中央苏区新一轮产业高质量发展的若干措施》（以下简称《若干措施》），重点支持赣南老区新一轮产业高质量发展，支持赣州打造对接粤港澳大湾区桥头堡和建设省域副中心城市。在重大产业平台建设方面，支持建设对接粤港澳大湾区的产业合作区、打造融入粤港澳大湾区发展的产业集群、搭建融入粤港澳大湾区发展的对接合作平台。重点支持南康区和"三南"（龙南、全南、定南）地区建设赣粤产业合作区，指导支持电子信息、汽车制造、生物医药、现代家居、纺织服装等产业深度参与"广佛肇""深莞惠"经济圈产业分工，打造赣粤协作产业链。以国家级、省级开发区为载体，积极对接深圳前海、广州南沙、珠海横琴、东莞滨海湾新区等重大平台，聚焦赣州市"两城两谷两带"及各地主导产业和首位产业，打造特色产业集群。支持赣州承办各种重大展览展示活动。

（一）加快特色产业做大做强方面

重点支持稀土和钨产业加快发展，推动家具产业创新升级，加快纺织服装产业带建设。加快建设稀土永磁电机产业园，在科技研发、项目引进、建设资金、推广应用等政策方面给予支持。支持加快培育一批"专精特新"家具企业，支持开展家具品牌"百城千店"行动，支持开展家具产业数字化改造，高标准建设 5G 南康家具产业智联网平台，加快南康家具品牌联盟、中国家居云上小镇、共享服务中心等相关项目建设。支持纺织服装产业参与粤港澳大湾区纺织服装产业链合作，支持创建省级消费品工业"三品"战略示范企业，指导创建国家级试点示范城市。

（二）大力发展新产业新动能方面

《若干措施》提出，做大做强电子信息产业，支持赣南与中国赛宝实验室合作，支持建设 5G 产业基地、5G+工业互联网应用示范基地，支持赣州建设中国工业互联网研究院江西分院和国家工业互联网大数据分中心。发展壮大新能源汽车产业，支持推广应用地产新能源汽车，指导支持赣州经济技术开发区建设国家新能源汽车新型工业化产业示范基地、国家新能源汽车产品质量监督检验中心（赣州）。壮大生物医药产业，引导"青峰药谷"与中国（南昌）中医药科创城

协同发展，鼓励研发创新成果在"青峰药谷"转化落地，支持"青峰药谷"承接粤港澳大湾区生物医药、高端医疗器械、大健康产业项目。加快工业设计发展，支持"1+N"工业设计模式发展，支持南康家居小镇建设国家工业设计基地。支持新动能新业态培育，支持培育车联网产业、规划建设区块链技术产业园、开展5G规模商用。

（三）大力提升创新发展能力方面

《若干措施》提出加强科创平台建设，聚焦稀土、钨、氟盐等特色优势产业和"两城两谷两带"建设，支持企业技术中心、制造业创新中心、产业技术研究院等创新平台建设，支持赣州高新技术产业开发区建设泛珠三角区域工信合作创新发展示范试点园区，在产业关键技术攻关、成果转化和示范应用、新产品开发等方面予以倾斜支持；支持引育产业创新人才，指导支持对接粤港澳大湾区科技人才资源库，打造对接粤港澳大湾区人才合作示范区。根据《若干措施》要求，将建立省工业和信息化厅与赣州市干部双向交流培养机制。

二、农业农村部支持赣南老区现代农业高质量发展

农业是人类衣食之源、生存之本，是一切生产的首要条件，在国民经济发展中起基础作用。为加快推动赣南老区现代农业高质量发展，农业农村部"三个精准"，全方位助力信丰县现代农业"扩规模、育龙头、补链条、创品牌、强体系"，打造现代农业的"信丰样板"。

（一）精准施策，全力构建支援帮扶政策体系

农业农村部领导高位推动，四任挂职干部倾情帮扶，40余批次司局级以上领导干部深入信丰县指导。2018年制定了对口支援帮扶政策，对赣南老区加快现代农业建设给予政策扶持、资金倾斜、技术指导，促使信丰县及赣南现代农业产业体系稳步健全，粮食综合生产能力稳步提升，特色优势产业加快发展，农业生态环境切实改善，农民收入稳步提高，推动赣南老区加快建设现代农业。

（二）精准定位，倾力打造农业试点示范平台

2015年，信丰县被认定为第三批国家现代农业示范区。2018年，信丰县现代农业产业园成功认定为国家现代农业产业园，成为全省唯一、全国首批11个国家现代农业产业园之一。2020年，信丰县被遴选为国家现代农业科技示范展示基地。一个个"信丰样板"式的示范平台风生水起，把该县带入现代农业发展快车道。

（三）精准发力，推动农业产业高质量发展

信丰县全方位推动脐橙产业高质量发展，建成年产100万株的柑橘脱毒苗木繁育基地；争取赣南脐橙纳入NFC非浓缩还原果汁橙汁国家行业标准覆盖范围；推动建成中国熊南脐橙产业园，国家AAAA级旅游景区，填补了该县无AAAA级旅游景区的空白。推动生猪产业绿色健康发展，将信丰县列为全国首批畜牧业绿色发展示范县，帮助落实畜禽粪污资源化利用整县推进项目，协调将江西省划入动物疫病防控中南片区，保障了赣州地区生猪产品销售渠道。截至2020年6月底，引进温氏集团在信丰县新建100万头生猪屠宰及食品深加工、30万头楼层式一体化生猪示范基地，使该县生猪产业链再次提升；推动农业经济和农村综合发展，累计投入2.16亿元建成高标准农田8.99万亩；引进农夫山泉等一批农业龙头企业落户信丰①。

三、金融服务助力赣南老区旅游业转型升级

近年来，中国农业银行赣州市分行以乡村振兴战略为指引，不断探索乡村振兴新模式，积极侧应赣州市委市政府打造"红色、古色、绿色"旅游文化的总体思路，依托当地丰富的旅游资源，大力支持赣州市县域旅游景区基础设施建设和配套产业发展，提升景区品位和接待能力，推动文化与旅游融合发展，助力旅游业转型升级。

（一）支持旅游配套设施建设和相关产业发展

基础设施建设、景区提升改造是中国农业银行赣州市分行支持赣南旅游业发展的重要抓手。针对各地旅游发展状况，中国农业银行赣州分行组织专门团队进行全面摸底调查，把一批资源优势突出、客源市场稳定、运营情况良好的AAAA级以上旅游景区作为重点支持对象。对符合条件的项目，做到快调查、快审批、快贷款。像瑞金罗汉岩景区一样，会昌汉仙岩风景区、安远东生围景区和大余丫山风景区都受益于中国农业银行赣州市分行的大力支持，通过信贷加快了自身发展。

（二）助力旅游业转型升级

中国农业银行赣州市分行一直高度重视旅游产业金融服务，将其作为服务三农的重要抓手，以辖区内世界性、国家级和AAAA级以上旅游景区为重点，大力

---

① 八年振兴路 | 信丰：振兴发展这八年橙乡信丰谱新篇［EB/OL］. 赣南日报，https：//m. thepaper. cn/baijiahao_8040475，2020-06-29.

支持县域旅游产业，积极为产业链提供信贷支持，助推传统旅游向全域旅游发展。近年来，中国农业银行赣州市分行旅游贷款业务加速，2011 年至 2020 年 6 月，农行赣州市分行共对全市县域旅游景区项目授信超 18 亿元，发放贷款 15.2 亿元，占到江西省的一半多，支持的项目包括共和国摇篮、瑞金罗汉岩、石城通天寨、大余丫山、安远三百山等景区①。除了信贷支持，中国农业银行赣州市分行助力旅游还有很多新举措，如在江西省金融系统首家 5G 智慧网点中国农业银行瑞金市支行营业部，展示了瑞金红色故都、重走长征路线的智慧 AR。中国农业银行赣州市分行把县域旅游金融服务全覆盖作为一项长期战略，加大力度，完善服务，重点支持 AAAA 级及以上景区，择优支持 AAA 级景区，适时支持一批旅游相关配套产业，共同推进全域旅游大发展。

第二节　以基础设施建设增强振兴发展支撑能力

一、加快建设赣州综合立体交通网

江西省统筹铁路、公路、水运、民航等基础设施规划建设，加快推动赣深客专、兴泉铁路续建和大广高速扩容等高速公路项目建设，有序推进瑞梅铁路、长赣铁路前期工作，推进赣粤运河前期研究论证，推进瑞金机场建设，提升赣州黄金机场综合保障能力，完善机场航线网络。加强农村公路管理养护，建立县道、乡村道两级"路长制"，探索农村公路标准化养护流程。推动养护市场化改革，提升养护队伍和机械装备专业化水平。近年来，赣州交通基础设施建设突飞猛进、立体交通网络日臻完善、全国性交通枢纽地位日益凸显，昌赣高铁通车，赣州迈进了高铁时代；赣深高铁、兴泉铁路建设进展顺利；纵贯赣州市"一纵一横"十字形高速铁路和"两纵两横"普通铁路网络呼之欲出；赣州黄金机场航空口岸临时开放，赣州国际陆港与盐田港、厦门港、广州港进出口"同港同价同效率"，赣南老区构建了对接融入粤港澳大湾区的立体通道。

---

① 农业银行赣州分行"贷"动旅游产业大发展走笔［EB/OL］. 腾讯网，https：//new.qq.com/rain/a/20200624A0IB1P00，2020-06-24.

二、加强交通基础设施建设

在相关政策支持下，赣南基础设施建设加快推动，修高速公路，建高速铁路，改扩建机场，构建功能完善、高效安全的现代化交通基础设施体系，推进赣南老区高质量发展。八年来，昌赣高铁开通运营、赣龙铁路扩能改造、赣韶铁路建成运营，赣州迈入"高铁时代"，"一纵一横"高速铁路网和"两纵两横"普速铁路网加快形成。截至 2020 年 6 月底，赣州市高速公路建成总里程 1495 千米，约占江西省的 1/4，形成"三纵三横六联"路网，实现县县通高速公路①；黄金机场航空口岸获批临时开放，并开通国际航班，赣南苏区架起了联通世界的"空中桥梁"。赣州国际陆港自 2016 年开通运行以来，打通了沿边四大国门和沿海港口群，常态化开行 19 条中欧（亚）班列、4 条铁海联运班列和 19 条内贸班列线路。2020 年，赣州市中心城区 6 条快速路建成通车，赣州进入"高架时代"，全市升级改造国省道 1500 多千米，国道县域覆盖率达 100%。

三、提升能源保障能力

《若干意见》提出支持建设赣州东（红都）500 千伏输变电工程和抚州至赣州东（红都）500 千伏线路；提高县网供电保障能力，石城、崇义、安远等县建设 220 千伏变电站；取消赣州市 220 千伏、110 千伏输变电工程建设贷款地方财政贴息等配套费用；推进樟树—吉安—赣州、泉州—赣州、揭阳—梅州—赣州等成品油管道项目建设；依托蒙西至华中电煤运输通道建设，解决赣州地区煤运问题；支持建设赣州天然气及成品油仓储基地。截至 2020 年 6 月底，赣南老区共建成新能源装机 165.66 万千瓦，区域全口径发电装机容量达 379.72 万千瓦，实现 500 千伏电网输入"双环网、双通道"、220 千伏变电站县县"全覆盖"的历史性突破；西气东输二线和三线赣州段工程、樟树—吉安—赣州成品油管道建成投产，省天然气管网赣州段 12 条支线基本建成①。

四、加快水利基础设施建设

《若干意见》提出了"加快赣南老区水利基础设施建设"等扶持政策。为积极落实"加快构建生态文明体系，做好治山理水、显山露水的文章"指示精神，

---

① 构建完善现代基础设施体系 支撑起赣州高质量发展步伐［EB/OL］. 赣州经济报道，http：//www.jxgztv.com/d1gz2/385289.jhtml？jecbaimopphdjecj，2020-06-30.

水利部、江西省水利厅以对口支援、资金支持、智力帮扶等方式，不断提升赣州水利"造血"功能。大力推进赣南老区水利建设，截至 2021 年上半年，赣州市基本形成了防洪、供水、灌溉、水生态等水利工程体系，建成堤防 1218 千米，水库 1006 座，水电站 1137 座，泵站 2341 座，集中供水工程 4587 处；灌区 1.51 万处，总灌溉面积 435 万亩①。不断完善的水利基础设施，为赣州市高质量跨越式发展夯实了支撑。

步入"十四五"阶段，国家支持力度持续加大。2021 年《国务院关于新时代支持革命老区振兴发展的意见》出台，提出加快综合水运枢纽建设和航道整治，推进百色水利枢纽过船设施等工程，研究论证赣粤运河可行性，建设一批重点水源工程和大型灌区工程，推进大中型灌区续建配套与现代化改造、中小河流治理、病险水库除险加固和山洪灾害防治等工程，为赣州水利高质量跨越式发展提供了重要的政策支持。赣州市水利系统紧紧抓住这一契机，紧扣市委、市政府"三大战略""六大主攻方向"部署，以构建现代化赣南水网体系为目标，在全国设区市率先启动并完成水网规划编制，正在积极谋划推进赣粤运河水利项目、两个引调水工程、三大防洪控制性枢纽、五个大型现代化灌区等重大水利项目，以及建设百座水库、整治万里河道，力争把赣州打造成长江珠江南北通道的重要节点连线，赣江、东江、北江源头优质"水塔"，名副其实的"千年不涝"之城，实现赣州水利高质量发展的同时，为全力保障粤港澳大湾区以及赣江下游水安全做出积极贡献。

第三节　以生态文明建设打造生态示范点

绿色生态是革命老区最大的财富、最大的优势、最大的品牌。必须牢固树立绿色发展理念，大力推进生态文明建设，正确处理经济发展与生态保护的关系，坚持在发展中保护、在保护中发展，促进赣南老区经济社会发展与资源环境相协调，国家也采取了一系列措施持续推进赣南老区绿色高质量发展，打造了赣南生态样板。

一、加强顶层设计，做好财政支撑

生态文明建设是复杂的系统工程，任何生态实践活动都交织着利益关系，生

---

① 赣州推动水利高质量跨越式发展纪实［EB/OL］. 赣南日报，https：//www.ganzhou.gov.cn/gzszf/c100022/202106/ad74463e93ef41ba9bed3bec97b65907.shtml，2021-06-28.

态建设需要资金保障，只有充足的财政支撑，才能扎实有效地推进生态文明建设。赣南老区普遍经济发展比较滞后，财政收入底子单薄，但在《若干意见》出台后，国家加大了对赣南苏区生态建设的财政支持。例如，2017年帮助崇义齐云山国家级自然保护区争取中央基建国家级自然保护区基础设施建设项目，获得国家1256万元专项资金支持①。安排中央财政国家级自然保护区补助资金600万元，占江西省资金总量的一半，其中武夷山、九连山、阳际峰国家级自然保护区各安排200万元；安排省级自然保护区专项资金630万元，占江西省资金总量的近一半。在省林业局积极指导下，崇义阳明山国家森林公园被江西省林业局、江西省旅游发展委员会联合命名为"森林体验基地"；安排中央财政湿地保护与恢复项目补贴资金2000万元，占江西省资金总量的2/3，分别支持莲花江、新余孔目江、崇义阳明湖、南城洪门湖、江西万安湖等10个国家级湿地公园建设发展。

二、完善生态文明制度，夯实领导负责制

党的十八大以来，在国家林业和草原局的关心支持下，在江西省林业局的正确指导下，在赣州市委、市政府的坚强领导下，赣南老区建立了市县乡村四级"河长制"体系、市县乡村组五级"林长制"，将管护责任落实到每个山头、每条河流、每个湖泊；秉持"后果严惩"，全面推行领导干部自然资源资产离任审计制度，建立领导干部环境损害"一票否决"、约谈问责、终身追究责任制。截至2020年底，支持赣南老区构建市县乡村组五级林长组织体系，赣州市共设立各级林长57439人，其中市级林长12人、县级林长274人、乡级林长2973人、村级林长10773人、组级林长43407人②；建立"两长两员"森林资源源头管理架构，夯实森林资源保护管理基础；健全林权流转管理服务体系，赣州市搭建林权流转服务平台598个，创建国家级农民林业专业合作社示范社5家、省级10家③。

三、加强多维生态治理，打造生态治理"赣南模式"

近年来，赣南老区以习近平生态文明思想为指导，在市委、市政府的坚强领

① 江西省林业厅．江西省林业厅投入23亿元支持赣南等原中央苏区振兴发展［EB/OL］．http：//www.forestry.gov.cn/main/72/content-1063034.html，2018-01-03.

② 赣州"林长制"筑牢生态屏障！［EB/OL］．腾讯网，https：//new.qq.com/rain/a/20201203A0C3I400，2020-12-03.

③ 省林业科技推广和宣传教育中心．赣州市林业局助力赣南苏区振兴发展［EB/OL］．http：//ly.jiangxi.gov.cn/art/2021/3/10/art_39795_3265421.html，2021-03-10.

导和相关部门的合力推动下，水土保持改革试验区建设取得重大成果，红土地上到处是"两山理论"的生动实践，绘画着美丽赣南。通过创新工作理念和机制体制，优化治理路径和技术集成，探索形成了崩岗系统连片治理、废弃矿山上下同治、小流域"生态+"治理、项目实施"以奖代补"机制等水土保持生态治理"赣南模式"，实现了水土流失综合治理转型升级、提速增效。2014 年 12 月，赣州被列为全国水土保持改革试验区，该市抓住重点领域和关键环节，先行先试、大胆创新。2015 年《赣州市崩岗防治规划》出台，提出连片开发、系统治理。2016 年开始，将赣县、兴国、于都等地连片崩岗群纳入山水林田湖草生态保护修复项目实施，采取生态修复型、开发治理型、治理提升型等多种治理模式，削坡修筑梯田，优化坡面水系布局，系统配置林草防护措施，做到崩岗治理与农林开发、乡村旅游、精准扶贫、落实管护机制"四结合"，治理崩岗 4300 多座，让崩岗长了青树、换了新颜，打造了南方崩岗治理示范样板。

四、大力发展生态产业，构建循环经济产业链

积极推动赣南老区加快实施国家循环经济"十百千示范行动"，支持赣州建设铜铝有色金属循环经济产业园，推进资源再生利用产业化。严格控制高耗能、高排放和产能过剩行业新上项目，提高行业准入门槛。积极开展共伴生矿、尾矿和大宗工业固体废弃物综合利用，发展稀土综合回收利用产业。支持赣州、井冈山经济技术开发区实施循环化改造，建设国家生态工业示范园区。支持赣州开展全国低碳城市试点，实施低碳农业示范和碳汇造林工程。支持赣南统筹林下经济，大力发展油茶产业。2015 年全国两会期间，习近平总书记参加江西代表团审议时指出，要深入调研扶持赣南油茶产业发展。赣南苏区提出把油茶产业打造成老区人民的绿色产业。

第四节 打造红色文化传承创新区

一、传承红色基因，加强红色文化教育

赣南是一块红色的土地，有着悠久的革命历史、丰富的红色资源，弘扬传承红色文化对保护红色文化资源有着非常重要的作用。2021 年"弘扬传承红色文

化"被写进《国务院关于新时代支持革命老区振兴发展的意见》，强调把红色资源作为坚定理想信念、加强党性修养的生动教材，围绕革命历史创作一批文艺作品，将红色经典、革命故事纳入中小学教材，对干部加强党史、新中国史、改革开放史、社会主义发展史教育。近年来，国家大力支持赣南加快红色旅游与红色教育、红色培训的融合，鼓励各地建设红色教育培训基地。截至 2021 年 5 月底，瑞金市已形成以瑞金干部学院、瑞金市委党校为龙头，62 家红色教育培训机构共同发展的培训机构体系；兴国县投资 7000 余万元建成了可同时容纳 400 余名学员的国防教育基地；于都县挂牌成立了"雩都长征学院"。赣州市还策划了中华人民共和国成立 70 周年"万里峥嵘路，瑞金勇先行""传承红色基因，争做时代新人"等红色研学培训线路产品。以瑞金为例，2019 年共接待全国各地的红培学员 5080 批次、44.5 万人次，其中 80%以上的团队表示要到瑞金建立开展红色培训的长效机制①。红色研学，让众多学员成为红色文化的"代言人"，乐当红土地的"回头客"。

二、加强旧址的保护和修缮

《国务院关于新时代支持革命老区振兴发展的意见》指出将加大对瑞金中央苏区旧址、古田会议旧址、杨家岭革命旧址、鄂豫皖苏区首府革命博物馆、川陕革命根据地博物馆等革命历史类纪念设施、遗址和英雄烈士纪念设施的保护修缮力度，加强西路军、东北抗联等战斗过的革命老区县现存革命文物的保护修复和纪念设施的保护修缮；统筹推进长征国家文化公园建设，建设一批标志性工程；公布革命文物名录，实施革命文物保护利用工程。支持革命历史类纪念设施、遗址积极申报全国爱国主义教育示范基地、全国重点文物保护单位、国家级英雄烈士纪念设施和国家级抗战纪念设施、遗址。2019 年，《赣州市革命遗址保护条例》出台，要求加强对革命遗址的保护传承和利用，通过整理修缮，让故居、实物、文物尽可能保持原汁原味，让旅客身临其境。

三、打造红色旅游融合发展示范区

国家持续推动红色旅游高质量发展，建设红色旅游融合发展示范区，支持中央和地方各类媒体通过新闻报道、公益广告等多种方式宣传推广红色旅游。2019

---

① 《感恩奋进》赣州：红色文化兴旺红色旅游［EB/OL］．澎湃政务，https：//m．thepaper．cn/baijiahao_7435619，2021-05-17．

年6月,《学习强国》学习平台"党史故事"板块连续刊载了由赣州市委党史办提供的《永恒的初心——赣南苏区红色故事》《回望峥嵘读初心——发生在赣州红土地上的经典革命故事》原创内容。两本刊物集纳200余个发生在赣南老区的真实故事,引起广大读者的强烈反响和一致好评。《赣南日报》也先后推出了《总书记深情牵挂引出的红色家事》《饮水思源寻根追梦·赣南开国将军故事》《红土地上的初心故事》等栏目,铭记初心、致敬英雄。

参考文献

[1] 林凌,刘世庆,巨栋,邵平桢,胡洹.赣闽粤原中央苏区赣州调研及思考 [J].成都行政学院学报,2015(3):71-74.

[2] 赣南革命老区实现历史性整体脱贫 [J].理论导报,2020(5):38-39.

[3] 邝先元.扎实推进全国革命老区扶贫攻坚示范区建设——深入学习贯彻习近平总书记关于扶贫开发的重要讲话精神 [J].老区建设,2014(17):48-50.

[4] 王金艳.习近平扶贫开发理念探析 [J].理论学刊,2016(2):18-23.

[5] 温子荣.春色满乡野——"江西省扶贫移民先进县"之宁都篇 [J].老区建设,2013(5):32-34.

[6] 邓东泓,郭俊,戴明,袁玉兰."弯道超车"后面的力量——农业农村部对口支援信丰侧记 [J].江西农业,2020(11):60.

[7] 蒋朝旭,刘青青.农村公路养护管理现状及对策分析 [J].中国公路,2021(12):100-101.

[8] 胡汉平.在第四届世界绿色发展投资贸易博览会江西现代农业项目推介会上的讲话(摘要) [J].江西农业,2016(22):6-9.

[9] 温珍梁,李琳.建设富裕和谐秀美江西——江西生态文明建设的实践与路径选择 [J].资源节约与环保,2013(9):77-78.

[10] 陈南捷,张宁,吴曼婷,邱芝琳.打造"南昌样板"的路径探索——以生态建设为例 [J].广东蚕业,2020,54(1):74-75,80.

[11] 张丽云,施俊,庄徐宁.太行山高速沿线区域红色旅游发展探析 [J].中国集体经济,2019(33):118-119.

第十二章　新时代赣南老区对接粤港澳大湾区的举措

　　粤港澳大湾区是由广东省广州、深圳、东莞、佛山、惠州、珠海、中山、江门、肇庆九市与香港和澳门两个特别行政区组成的城市群，是与美国纽约湾区、旧金山湾区和东京湾区比肩的世界四大湾区。粤港澳大湾区占全国土地面积不足1%（5.6万平方千米），人口数量不足全国人口5%（6800万），却创造了我国国内生产总值的12%，是我国经济较活跃的地区。建设粤港澳大湾区是习近平总书记亲自谋划、部署、推动的国家重大战略。习近平总书记在2019年5月视察江西和赣州时指出："要充分利用毗邻长珠闽的区位优势，主动融入共建'一带一路'，积极参与长江经济带发展，对接长三角、粤港澳大湾区，以大开放促进大发展。"赣州是我国著名的革命老区，是全国较大的集中连片特殊困难地区，毗邻粤港澳大湾区，是江西省对接融入粤港澳大湾区的前沿阵地，也是粤港澳大湾区联动内陆发展的直接腹地。对接粤港澳大湾区，能够最大限度地利用粤港澳大湾区建设世界级城市群和国际一流湾区的溢出效应，推进中共江西省和赣州实现高质量发展。中共江西省委十四届六次全会明确提出，赣州要深度融入粤港澳大湾区，打造融入粤港澳大湾区的开放高地。中共江西省委十四届七次全会明确强调，赣州要加快对接融入粤港澳大湾区，要坚持高质量跨越式发展首要战略，深化区域开放合作，共享国家战略红利。中共江西省委十四届十一次全会进一步强调全力打造对接融入粤港澳大湾区桥头堡，推动革命老区高质量发展示范区建设取得新成效。2021年印发的《国务院关于新时代支持革命老区振兴发展的意见》明确指出，支持赣南等原中央苏区深度参与粤港澳大湾区建设，支持赣州、龙岩与粤港澳大湾区共建产业合作试验区，建设好赣州、井冈山综合保税区，支持吉安申请设立跨境电商综合试验区等。因此，新时代赣南老区积极融入对接粤港澳大湾区既是落实国家战略和江西省委决策部署的政治任务，也是加快振兴发展进程的现实需要，更是推进区域高质量跨越式发展的必然要求。

第一节 赣南老区对接粤港澳大湾区的基础与优势分析

赣州是江西的"南大门"，与广东省的龙川、和平、连平、翁源、始兴、南雄六个县（市）接壤，是江西对接融入粤港澳大湾区的最前沿，也是大湾区联动内陆发展的直接腹地。赣南老区积极对接融入粤港澳大湾区具备一定的基础，尤其是在以下几个方面具有优势：

一、空间互通

（一）区位

赣州作为江西的南大门、赣粤闽湘四省通衢的区域性现代化中心城市，南毗广东省梅州市、韶关市，与香港、广州、深圳等地均相距 450 千米左右，是粤港澳大湾区的直接腹地。

（二）交通

昌吉赣客专、赣深客专、昌九客专、长赣铁路、瑞梅铁路、咸宜（新）吉等铁路项目的建设打通了赣州对接粤港澳大湾区的南下主通道；寻乌至龙川、信丰至南雄等高速公路建设，形成了便捷高效的高速对接通道；国家高速铁路网"八纵八横"中，纵向京港澳通道、横向厦渝通道途经赣州；赣深高铁建成通车后，赣州两小时可达粤港澳地区。

二、资源互补

（一）土地资源

与粤港澳大湾区"两区九市"城市相比，赣州开发密度相对较低，可供工业用地面积相对较为充足，能够满足粤港澳大湾区企业进一步发展的供地需求。

（二）矿产资源

赣州拥有丰富的矿产资源，已经发现的 110 种矿产资源的潜在价值约为 4100 亿元，其中钨、稀土、锡、铅、锌、萤石、石灰石、盐等矿产资源的储量丰富、品位高、价值大，特别是黑钨储量世界第一，离子型中重稀土储量全国之首。

（三）生态资源

赣州作为全国首批创建生态文明典范城市、江西省首届生态宜居城市，其城市生态环境竞争力进入全国前 20 强；赣州是江西母亲河赣江和香港饮用水源东江的源头，森林覆盖率达到 76.23%，是全国十八大重点林区和全国十大森林覆盖率较高的城市之一；赣州拥有 9 个国家级森林公园、22 个省级森林公园、3 个国家级自然保护区和 8 个省级自然保护区，享有"生态王国"和"绿色宝库"的美誉；赣州空气质量稳定达到国家二级标准，境内有温泉 53 处，饮用水源地水质达标率保持 100%。

（四）人口资源

到 2020 年末赣州拥有近 900 万的常住人口，18 个县（市、区），其中章贡区常住人口超过 100 万，于都县、南康区、兴国县、宁都县、信丰县、瑞金市和赣县区常住人口都超过了 50 万。赣州是粤港澳大湾区周边城市中人口最多的设区市，赣州人口能够为粤港澳大湾区提供巨大的消费空间和广阔的市场。

三、产业上互促

（一）工业产业分布

电子信息产业是赣州章贡区、经济技术开发区、南康区、信丰县、龙南县、定南县、全南县以及安远县的首位产业，自 2016 年起，赣州开始打造由龙南县、信丰县、南康区、章贡区和经济技术开发区五个核心区组成的赣粤电子信息产业带并不断发展壮大，赣州电子信息产业与粤港澳大湾区佛山、中山、江门和肇庆地区的计算机、通信和其他电子设备制造业存在互补性和承接产业转移的可能性。赣州经济技术开发区积极发展新能源汽车产业并着力打造全国重要的新能源汽车产业基地，与粤港澳大湾区内东莞的汽车制造产业有互补性；章贡区大力发展生物医药产业，可以充分对接粤港澳大湾区内肇庆和深圳等地区的医药制造业；于都县、宁都县、石城县在服务产业上具有基础，能够承接来自粤港澳大湾区的肇庆和珠海的纺织业和纺织服装、服饰业，珠海的皮革、毛皮、羽毛及其制品和制鞋业等现代轻纺产业；赣州拥有色金属新材料产业基地，能够积极对接粤港澳大湾区内肇庆、惠州、东莞、广州以及深圳的有色金属冶炼和压延加工业。

（二）旅游休闲产业

赣州市森林覆盖率列江西省之首，三百山、九连山、齐云山、丫山驰名中外，绿色生态是最大的品牌优势，同时红色旅游资源丰富，有"红色故都"瑞金、长征出发地于都、"将军县"兴国等。广东省与赣州市相邻，随着交通设施的完善，赣州可以与广东合作，打造红色旅游线、乡村生态旅游线。粤港澳大湾区拥有强大的旅游消费群体和巨大的市场需求，赣州市将成为粤港澳大湾区康养休闲旅游的后花园。

（三）金融服务业

赣州市目前在金融上发展滞后，资本市场单一，银行间接融资占据绝对主导地位。粤港澳大湾区是中国重要的金融中心，金融机构数量、规模居全国前列。香港拥有全球最大的离岸人民币资金池，深圳是中国大陆风险投资最发达的城市，广州在直接融资、金融保险等领域实力雄厚。对接融入粤港澳大湾区将有助于推动赣州资本市场发展，拓宽企业融资渠道，解决融资难等问题。

（四）物流服务业

粤港澳大湾区拥有深圳盐田港、广州港等多个世界级的港口群和七个运输机场，赣州作为内陆区域，可依托粤港澳大湾区的港口航运优势降低出口企业物流成本等，增强市场竞争力。

四、平台互融

（一）平台建设

赣州拥有国内首个国检监管试验区、全国第八个对外开放口岸、国家"一带一路"多式联运示范工程——赣州国际陆港。赣州国际陆港有基础、有条件与粤港澳大湾区的国际化海港和空港实现"三港融合"，赣州有能力与粤港澳大湾区共同打造引领全球现代交通发展的国际性综合交通枢纽。

（二）开放合作

2017年12月深圳市与赣州市签订合作框架协议，双方决定按照"优势互补、平等合作、市场运作、互利共赢"的原则，加强经济发展新动能合作，完善基础设施，拓宽合作领域，深化开放合作。2018~2020年，赣州共引进粤港澳大湾区内资项目428个，占所有内资项目的47.45%；引进粤港澳大湾区外资项目110个，占所有外资项目的71.9%。[①]

五、血脉互连

（一）赣州与粤港澳大湾区同宗同源

赣州是客家民系的发祥地和客家人的主要聚居地，长期与粤港澳大湾区城市

---

① 赣州加快融入粤港澳大湾区［N］．经济日报，2020-12-22.

人缘相亲、商缘相通、文缘相融，在工作、生活、商贸等方面往来密切，有着良好的合作基础。

（二）赣州与粤港澳大湾区具有文化联结

赣州是国家历史文化名城、全国文明城市、国家森林城市、国家园林城市、中国优秀旅游城市、全国双拥模范城市、原中央苏区所在地、万里长征的出发地，经过多年发展形成了"红色故都、客家摇篮、江南宋城、生态家园"四大旅游品牌和"堪舆圣地、世界橙乡"等特色品牌，文化资源丰富，与粤港澳大湾区同宗同源，能够与粤港澳大湾区形成文化认同，有利于赣州与粤港澳大湾区的深度融合。

第二节　赣南老区积极对接融入粤港澳大湾区的重点举措

赣南老区积极对照江西省人民政府印发的《关于支持赣州打造对接融入粤港澳大湾区桥头堡若干政策措施的通知》和《中共赣州市委　赣州市人民政府关于打造对接融入粤港澳大湾区桥头堡的意见》，为积极对接和融入粤港澳大湾区采取了一系列重要举措。

一、赣南老区在交通基础设施方面对接融入粤港澳大湾区的重要举措

（一）公路方面

赣州市积极推进寻全高速西延（江西段）纳入省高速公路网规划，目前正在开展项目前期工作，已进行寻全高速西延规划论证报告编制；支持新建"三南"快线龙南段；协调与广东省加快推进寻乌至龙川、信丰至南雄两条高速公路广东段建设，寻乌至龙川高速赣州段于 2020 年 4 月 25 日开工建设，计划 2022 年底建成通车，寻乌至龙川高速河源段工程可行性研究报告已获批，信丰至南雄高速公路（江西段）项目已于 2020 年 11 月底开工，信丰至南雄高速公路（广东段）前期工作已完成；推进遂川至大余高速公路开工建设、推进大广高速吉安至南康段改扩建工程实施建设。

（二）机场建设方面

赣州着力推动赣州黄金机场三期改扩建列入国家"十四五"规划，赣州市

就黄金机场三期扩建等重点项目指定专人赴中国民用航空华东地区管理局进行了汇报对接，并电话与中国民用航空局有关司局汇报。中国民用航空局、中国民用航空华东地区管理局表示，支持赣州市开展黄金机场三期建设项目，同意赣州市开展机场总体规划调整工作。

（三）开辟水路通道方面

赣州市协调广东省共同推进赣粤运河纳入国家"十四五"综合交通运输体系规划，赣州市与广东省建立了定期沟通联系机制，共同向交通运输部汇报对接，加快推动赣粤运河规划建设，编制完成了《赣粤运河规划工作方案》，确定了规划研究主要内容、时间安排和规划成果。赣州市已经编制完成《赣州港总体规划》，并得到上级批复，支持赣州港"一带一路"多式联运示范工程建设、支持赣州港赣县港区五云作业区综合枢纽码头一期建设，推进南康区赣州国际木材集散中心、赣州国际陆港新建仓储项目建设。

二、赣南老区在产业方面对接融入粤港澳大湾区的重要举措

（一）农业对接融入方面

粤港澳大湾区是赣州农产品主销地、农业招商的主阵地。赣州充分发挥绿色生态富硒资源优势，瞄准粤港澳大湾区高端市场需求，积极打造粤港澳大湾区"菜篮子"产品直供基地，开拓粤港澳大湾区市场，开展农业招商，取得了一定成效。

1. 建立稳定的合作交流机制

2019年5月，赣州市与广州市农业农村局签订合作协议，双方正式建立合作关系，携手共建粤港澳大湾区"菜篮子"平台。"菜篮子"产品赣州配送分中心在信丰县顺利推进。2020年6月，粤港澳大湾区"菜篮子"城际合作（广州—赣州）对接活动在赣州顺利召开，对赣州50多家农业企业就"菜篮子"基地备案认定进行了培训指导。

2. 优化粤港澳大湾区"菜篮子"基地申报条件

赣州每年有大量农产品销往粤港澳大湾区市场，但受海关备案限制，申报成为"菜篮子"基地的主体不多。为让更多农产品进入流通平台，赣州市多次向广州市建议优化申报条件。广州市农业农村局采纳赣州市意见。2020年6月，《粤港澳大湾区"菜篮子"工作办公室关于印发新一轮粤港澳大湾区"菜篮子"生产基地申报指南的通知》，不再以海关备案为申报必要条件，进一步扩大了赣州申报粤港澳大湾区"菜篮子"基地的覆盖面。

3. 推动实现赣州和广州农产品检测结果互认

为方便企业快捷、高效完成"菜篮子"产品质量检测，2020 年和赣州市向粤港澳大湾区"菜篮子"工作办公室呈报了《关于恳请授权农产品检测结果互认的请示》《关于报送粤港澳大湾区"菜篮子"产品赣州配送分中心项目建设主体的函》，恳请授权认定赣州市农产品质量安全检测检验中心为粤港澳大湾区"菜篮子"产品质量安全承检机构。2020 年 7 月，广州市农业农村局在了解赣州市农产品质量安全检测检验中心有关资质和检测能力后，复函同意授权。

4. 推动赣州"菜篮子"产品进驻粤港澳大湾区市场

2020 年 6 月，赣州组织"菜篮子"企业参加粤港澳大湾区"菜篮子"展示交易（安圣）中心开业仪式，并委托赣州市农产品运营中心与安圣交易市场签订了合作协议，赣州市成为进驻该市场的 8 个城际合作城市之一。进驻安圣交易市场，标志着赣州市在粤港澳大湾区有了专门的"菜篮子"产品展销门店，实现商务洽谈、线上线下交易、产品发布、展示推广。2020 年 7 月，赣州组织 23 家企业近百种扶贫农产品参加对接粤港澳大湾区专场活动，与广东省江西商会建立稳定销售渠道。2020 年 8 月，赣州市农产品运营中心挂牌运营，为整合赣州优质农产品进入粤港澳大湾区高端市场开辟了重要窗口。

5. 开通赣州"菜篮子"产品直供港澳首发车

2020 年 7 月，赣州联合粤港澳大湾区"菜篮子"工作办公室在龙南举办粤港澳大湾区"菜篮子"产品（赣州）直供香港首发仪式，满载 20 吨新鲜蔬菜的冷链货车从龙南出发顺利抵达香港市场。2020 年 8 月，赣州组织全南现代牧业公司供澳生猪发车，首批 99 头生猪严格按照《供港澳活猪检验检疫管理办法》要求开展检测和消毒，经药物残留检测、非洲猪瘟病毒核酸检测合格后，通过重重关卡和海关检疫，顺利运送到澳门屠宰场。赣州"菜篮子"产品直供港澳首通车的开通，实现从基地到港澳市场的点对点直接供应。

6. 为发展富硒产业提送技术支撑

2020 年 6 月广州市中科微量元素科学研究院上犹分院成功挂牌；在筹建江西省富硒产品质量监督检验中心方面，赣州积极申报省级富硒质检中心；赣州积极与科研院所开展合作，与赣南科学院达成合作意向，共同制定富硒丝瓜培育技术规程地方标准；前往国家脐橙工程技术研究中心调研，沟通富硒脐橙标准制定事宜，目前《赣南富硒脐橙栽培技术规程》已在江西省市场监督管理局立项。

（二）制造业对接融入方面

近年来，赣州立足产业发展实际，积极对接粤港澳大湾区现代产业体系，依托赣粤电子信息产业带集群基础，重点承接粤港澳大湾区电子信息产业转移。

一是科学谋划产业布局。为贯彻落实赣州市委、市政府"主攻工业、三年再翻番"的决策部署，力争用三年时间实现电子信息产业过千亿目标，专门制订了《赣州市电子信息产业发展三年推进方案（2019—2021年）》，明确了发展目标、重点任务、扶持政策等，特别是出台了《优化赣州市电子信息产业布局的指导意见》，调整了赣粤电子信息产业带规划布局以及发展的细分领域。重点围绕智慧城市、智能光电、智能终端、5G及物联网应用等领域构建产业链，着力打造新型电子材料及元器件、新型光电显示、智能终端制造、汽车电子、软件与信息服务业五大产业集群。其中，龙南县重点发展新型电子材料及元器件、智能光电等细分领域；定南县重点发展智能电声器件等细分领域；全南县重点发展新型显示模组等细分领域；信丰县重点发展绿色PCB制造、智能装备制造等细分领域。

二是引导资金助推产业项目建设。截至2020年，赣州市引导资金已支持比亚迪电子等4个电子信息产业项目建设，合计支持金额19.25亿元，撬动企业投资33.25亿元。

三是持续完善产业园区平台建设。章贡区数字经济产业园获评江西省首批数字经济创新发展试验基地，集聚信创企业44家，成功引进中国航天科工集团第二研究院七〇六所和超越数控等龙头企业，成立江西省首个信创产业联盟。信丰县5G科技产业园正式运营。南康区家具智联网平台已联通21家企业，共享备料、喷涂中心已试运行。

（三）休闲文化旅游业对接融入方面

赣州进一步打造文化旅游产品，积极融入区域旅游合作，着力把赣州建设成为粤港澳大湾区的旅游度假首选地和优质生活圈后花园。

1. 坚持打造优质文旅产品

赣州顺利实施了全域旅游发展三年行动计划，赣州116个重点文化旅游项目已完成投资855.8亿元，70多个景区项目先后建成开放。成功筹办江西省旅游产业发展大会，江南宋城、瑞金红色故都等一批文旅融合项目精彩呈现，"初心路""客家情""阳明游"三条踩线路线获嘉宾一致好评。赣州着力完善提升服务水平，推动优质旅游产品、星级酒店、特色民宿、旅游商品旗舰店、客家美食旅游旗舰店、演艺节目等旅游全要素建设。2017~2020年赣州创建各类省级以上景区景点品牌总数达152个，是历史上品牌总数的3.5倍（其中，国家AAAA级以上景区达33家）；新增四星级标准以上酒店43家，在江西省率先实现AAAA级以上旅游景区和重点文旅项目高速公路旅游交通标识牌全覆盖；扎实推进"厕所革命"，基本覆盖赣州市主要旅游景点和乡村旅游点。

2. 深化对接文旅合作

赣州进一步梳理全市 100 个文化旅游招商项目，编印了《2020 年赣州市重点文化旅游项目招商指南》，吸引粤港澳大湾区知名企业、大集团参与赣州旅游项目开发。目前，赣州已经对接了广东知商文化、深圳华侨城集团等客商来赣州实地考察。赣州与广州、深圳等重点围绕引客入赣共同打造精品线路、开通旅游直通车、加强市场互动以及旅游项目投资等方面进行交流洽谈并初步达成共识。赣州组织龙南、大余、崇义、安远等县（市、区）参加 2020 广东国际旅游产业博览会，并参加了 2020 广东文化和旅游产业投融资对接会，作为广东省外唯一地级市进行了旅游产业招商推介。

3. 坚持创新"引客入赣"

2018 年起，赣州瞄准广州、深圳、厦门、南昌、香港、台湾六个重点客源地城市，采购收客能力强的大型旅行社"精准施策"进行合作，开展"点对点"落地营销，在江西省首创推出"引客入赣"项目。2020 年赣州针对以香港、深圳、广州为重点的粤港澳大湾区市场，创新实施赣州"初心路""客家情""阳明游"三条精品旅游线路"引客入赣"升级版项目。组织粤港澳大湾区的江西省首批省外旅游团赴赣州开展"东江源·客家情"赣州体验之旅。赣州与广州、深圳、珠海等地旅行商合作，组织更多的广东游客走进赣州开展红色之旅，目前已有来自中山、广州、深圳等地数十批、超千人省外自驾游团、夏令营大巴团、高铁团到赣州开展精品旅游线路之旅。

三、赣南老区在开放方面对接融入粤港澳大湾区的重要举措

赣州市坚持解放思想、内外兼修、北上南下，狠抓招商引资"头号工程"，主动对接融入粤港澳大湾区，承接粤港澳大湾区产业转移。

（一）聚力招大引强"一号工程"，积极承接粤港澳大湾区产业层级

赣州市积极对接融入粤港澳大湾区，开展"三请三回""粤企入赣"系列招商引资活动，精准对接开展"三个一批"专项行动，掀起对接融入粤港澳大湾区招商新高潮，推动格力电器、道氏技术、大自然家居等一大批粤港澳大湾区重大项目落户赣州。其中，格力电器的引进，开创了赣州市引进投资超百亿元制造业 500 强项目的先例。2020 年，赣州市引进粤港澳大湾区投资项目 222 个，占比达 60.32%。2021 年上半年，赣州市通过持续深化"一把手"招商，共对接粤港澳大湾区企业 100 家，其中华为、平安集团、比亚迪等世界 500 强企业 11 家，宝能集团、创维集团等国内500强企业15家，长城科技、迅雷科技等行业龙头企业66家。2020年港资企业实际利用外资占比达80%以上，粤港澳大湾区成为赣州市最主要的投资来源地。①

（二）持续深化赣粤经贸合作，丰富开放型经济新业态

认真贯彻落实《江西省与深圳市进一步深化合作框架协议》以及《深圳市与赣州市合作框架协议》，积极推进与深圳市合作，不断提升合作水平。深入推进与粤港澳大湾区开发区的合作交流，赣州经济技术开发区、龙南经济技术开发区分别与广州经济技术开发区、广州增城经济技术开发区签订合作共建协议，双方在干部挂职交流、领导互访、园区内企业合作和共同举办招商推介活动等多方面开展了合作。赣州市落实稳外贸20条等帮扶政策，争取江西省外贸"四单（担）融合"在赣州率先试点，积极组织企业参加中国进出口商品交易会、中国国际进口博览会等线上线下展会。于都县被认定为2020年新一批国家外贸转型示范基地，跻身全国6家纺织服装行业国家外贸转型示范基地之列。2021年1月至4月，赣州市实现1210进口突破25万单，进口额2778.4万元，仅第一季度进口额就超过2020年全年。② 加快跨境电商综试区建设，目前赣州在全国第四批跨境电商综合试验区城市中，业务类别、业务量、海外仓数量均稳居前列，集聚效应凸显，跨境电商班列出口货量累计突破60万票，贸易总额超1500万元，③ 9710出口在江西省综合服务平台完成了首单对接，是江西省唯一实现数据对接的设区市。

（三）强化口岸互通，加强开放平台建设

在进一步深化与粤港澳大湾区双向互联互通上，赣州市积极推动赣州国际陆港与深圳盐田港共建深赣港产城一体化合作区，打造了"特区+老区"共赢发展的全国范例，"深赣欧"中欧班列从深圳盐田港首发启程；赣州国际陆港正与深圳盐田港合作，重点打造深圳方向铁海联运"三同"班列精品线路，实现深圳方向"天天班"。2020年4月赣深"组合港"开通运营暨"双区联动"跨境电商班列开行，成为"湾区+老区"合作的又一重大成果。赣州通过赣深"组合港"推动通关模式的改革创新，实现了陆海港资源共享共用、业务无缝对接、货物快速通关，赣州国际陆港获批平行进口汽车试点，填补了江西省汽车整车进出口产业空白。赣州还与深圳等粤港澳大湾区城市合作开行"深赣欧""粤赣欧"

①②③ "特区+老区"携手共赢发展 赣州对接融入粤港澳大湾区成效显著［N］. 岭南24小时，2021-06-15.

铁海联运、跨境电商班列，打造华南跨境电商货物首选和必选通道。2021年上半年共开行"深赣欧"班列34列，粤港澳大湾区方向铁海联运班列259列。[①]

（四）以"三南"为重点，提升开放门户影响力

"三南"地区是赣粤门户，是对接粤港澳大湾区的最前沿，"三南"共建产业园建设有序推进。2017~2020年，"三南"地区在粤港澳大湾区举办统一招商推介会5场，共签约项目47个，投资总额659亿元，2020年"三南"地区实际利用外资中来自粤港澳大湾区的外资占"三南"地区实际利用外资总额的97%以上。2020年"三南"地区开工纳入统计项目中来自粤港澳大湾区的项目占比达到80%。

四、赣南老区在公共服务方面对接融入粤港澳大湾区的重要举措

（一）教育对接融入方面

1. 积极加强高层次人才交流

赣州积极支持和协助有关部门、高校加强与粤港澳大湾区有关科研机构、高校交流与合作。如赣南师范大学和中国科学院华南植物园签订了战略合作协议，聘请中国科学院华南植物园21位具有博士以上学历的研究员为特聘教授，安排教科研人员参与国家重大战略科研课题"岛礁绿化"等的研究，并开展了联合培养博士、硕士研究生等工作。

2. 全面推进游学基地建设

赣州大力推进中小学生研学实践教育基地和港澳青少年内地游学基地建设，鼓励吸引粤港澳大湾区中小学生到赣州开展红色教育活动。目前，中小学示范性综合实践基地项目已竣工并启动试运行，这是江西省唯一获得国家支持的首批中央专项彩票公益金支持项目，建设项目包括室内综合实践区、室外劳动实践区、综合训练区、生活区四个基本功能区，规划设计有国情党史馆、国防教育体验馆、生命教育馆、创客实践馆等近40个青少年校外综合实践活动场所，可容纳1000余名学生集中食宿，开展学工、学农、学军、生命安全教育等综合实践教育活动。目前，赣州正在积极申报"全国中小学生研学实践教育基地""全国中小学生研学实践教育营地"和港澳青少年内地游学基地。

3. 开展结对帮扶和合作办学

积极争取粤港澳大湾区教育部门和优质院校到赣州开展结对帮扶和合作办

学。引进粤港澳大湾区教育集团到赣州设立分校、开展合作办学，加强双方学校、教科研部门交流合作，在中小学各学科课程建设、学校管理和教科研等方面展开深入交流与合作。如深圳市第一职业技术学校已明确"一对一"结对帮扶寻乌县中等职业技术学校，接受寻乌县中等职业技术学校学生开展"现代学徒制"试点。赣州积极引导符合赣州产业发展的人才到赣州高校、科研院所或企业兼职；积极推动赣州市职业院校与粤港澳大湾区职业院校合作交流，探索建立高技能人才培养机制。

（二）公共卫生对接融入方面

近年来，赣州主动与广东等地一流医院沟通对接，先后与广东省人民医院、中山大学附属第一医院等医院建立了合作关系。赣南老区多所县级医院也先后与南方医科大学南方医院、广东省人民医院等医院建立了合作关系。其中，广东省人民医院整体托管赣州市立医院，广东省人民医院赣州医院正式挂牌。与广东省等医院的合作对接，全面提升了赣州市医院管理水平、学科建设与医疗技术服务能力。

1. 成立赣州籍在粤医学专家委员会和智库

2018 年，赣州通过广东省江西赣州商会在广州成立了由 104 名在粤赣州籍医学专家组成的在粤赣州籍医学专家委员会，104 名中山大学、广州医科大学等医学院校附属医院的医师和省市级医院的正高职称医师可在赣州自由执业。

2. 开展合作帮扶

先后有赣州市人民医院、赣州市幼保健院、赣州市中医院、赣州南康区第一人民医院、上犹县人民医院、寻乌县人民医院、定南县人民医院、赣州市立医院等医院先后与广州呼吸疾病研究所、广州市妇女儿童医疗中心、广东省中医院、中山大学附属第一医院、广东省人民医院等医疗机构开展合作，提升了医疗服务和医院管理的综合服务能力。2020 年 1 月，广东省人民医院（广东省医学科学院）协作医院在赣州市立医院揭牌，双方合作正式开启，第一批医学博士团也正式进驻市立医院。2020 年 3 月，广东省人民医院与定南县人民医院签订《全方位战略对口支援合作协议》。2020 年 7 月，在粤赣州籍医学专家委员会和崇义县人民医院签订了《医疗帮扶协议书》。2020 年 8 月，赣州市人民医院作为江西省唯一一家地市级医院与广州呼吸疾病研究所签订了战略合作协议，该院将与广州呼吸疾病研究所在呼吸疾病基础研究、呼吸疾病防治以及实验室共享等方面开展交流合作。

3. 开展义诊活动

2019 年 4 月，粤赣州籍医学专家在石城县人民医院义诊，义诊患者共达 500 余人次，开展示范带教手术 6 例，学术讲座和病史讨论共 5 场，教学查房 20 余例。2020 年 7 月，广东省赣州商会医学专家委员会 "苏区健康快车——崇义行" 返乡义诊活动，在崇义县人民医院举行。以徐中和教授为团长的专家团，共有 14 位在粤赣州籍医学专家、名医参加了义诊和医疗对接活动。活动期间，共接诊了 501 例病人，完成手术 4 台，举行 3 场学术讲座。2020 年 1 月，广东省人民医院（广东省医学科学院）协作医院第一批医学博士团正式进驻赣州市立医院；4 月广东省人民医院心内科高年资主治医师、医学博士倪忠涵与广东省人民医院心内科专家刘媛成功实施经皮分支型主动脉覆膜支架植入术，填补了章贡区和赣州市立医院的空白，同月赣州市立医院首次将 4K+3D 腹腔镜应用于胃癌根治术，完成了一例全腹腔镜下胃癌根治术，标志着医院在腹腔镜微创手术正式迈入 "3D 时代"。

4. 开展康养合作

2018 年 11 月开始，赣州和恒大健康产业集团对接，拟在章贡区沙石镇选址建设 "恒大·健康城" 和 "恒大·养生谷"，整体项目结构采用 "三心一轴" 的布局方式，"一轴" 即健康产业轴，"三心" 即一期为健康体验中心、二期为养老服务中心、三期为养生度假中心，由恒大健康产业集团和恒大旅游集团共同打造一体化全产业链健康养老基地。

五、赣南老区在科技方面对接融入粤港澳大湾区的重要举措

（一）产学研合作方面

江西一粒红尘农业发展有限公司正式和中山大学、华南农业大学、广东高质资源环境研究院建立了深度合作关系，赣县区南塘镇清溪村茶树菇基地成为中山大学地球环境与地球资源研究中心产学研合作示范基地、华南农业大学林业与风景园林学院实践教学基地、广东高质资源环境研究院高能土壤调理试剂示范基地，共同研究生态果蔬种植、菌包有机肥料加工、高能土壤调理剂研发生产、技术培训的合作关系和技术标准形成，共同培育绿色有机农产品生产的队伍，共同推动中国绿色有机农产品食品生产的技术进步和创新。赣州市与中国科学院广州电子技术有限公司（广州电子技术研究所）就智慧农业大数据、电子信息监测、人工智能等方面的产学研合作达成合作意向；与中国科学院华南植物园就依托赣南师范大学联合开展亚热带植物及其相关产业的基础和应用研究达成合作意向；

与中国科学院广州生物医药与健康研究院对接洽谈，中国科学院广州生物医药与健康研究院将为"青峰药谷"发展再生医学提供战略咨询。赣州市与国家超级计算（深圳云计算中心）就在赣州设立超级计算中心服务站，为赣州企业、高校、科研机构提供强大的数据处理、存储和云计算服务达成合作意向。

（二）建设科技创新平台方面

赣州市科学技术局与广州市科学技术局正式签订科技合作框架协议。协议约定，双方共同促进两地创新平台和载体的合作，推动广州市高校院所到赣州设立成果转移转化中心，促成科技服务机构入驻赣州市科技大市场设立分支机构，根据赣州市企业需求进行平台推介，广州市科技局在赣州开展革命传统教育等。赣州与科易网（深圳）科技有限公司就引进"科易网"参与赣州市科技大市场运营权竞标达成初步合作意向，并草拟形成《赣州市科技大市场建设运营方案（筹）》。赣州引进中山大学药学院（深圳）在"青峰药谷"设立"成果转化中心"、在全南县建立"生物研究院"；赣州就引进广州大学人才在章贡区落地物流机器人研发制造项目、建立广州大学（赣州）智能研究院上已经达成初步意向。

（三）建设科创走廊方面

赣州与广东省科技厅对接洽谈，就积极支持赣州市加入粤港澳相关产学研创新联盟，努力争取将赣州市纳入"广州—深圳—香港—澳门"科技创新走廊重要辐射节点城市达成合作意向；江西省科技厅与广东省科技厅将在赣州合作建设"赣粤科技合作示范区"，每年各拿出 1000 万元资金，依托赣州作为对接粤港澳大湾区桥头堡，合作共建高端研发机构，联合申报国家级、省级科技项目，鼓励支持两地高校、科研院所和企业互设分支机构，推进特色产业与海外创新资源有效对接，鼓励和引导两地科技人才参与对方创新创业活动和科研管理培训等。

第三节　推进赣南老区深入对接融入粤港澳大湾区的路径分析

近年来，赣南老区在融入对接粤港澳大湾区上采取了很多重大举措，在推进赣南老区的高质量发展上也产生了积极的推动作用，但是，我们也清楚认识到，赣南老区的高质量发展和发达城市相比仍存在较大差距，对接融入粤港澳大湾区的范围和覆盖面还不够广、对接融入的深度还远远不够、对接融合的特色还不凸显，因此为了适应新时代革命老区高质量发展的要求，要进一步解放思想、创新理念、抢抓机遇、主动融入，并明确进一步推进赣南老区深入对接融入粤港澳大湾区的九大路径。

一、全面提高交通互联互通水平

以打造对接融入粤港澳大湾区桥头堡，建设省域副中心城市、全国性综合交通枢纽、全国首批物流枢纽城市及革命老区交通运输高质量发展先行示范区为依托，以"十四五"综合交通运输体系规划为契机，重点完善与粤港澳大湾区的交通对接。

（一）深化公路铁路互联互通

加快建设赣（州）深（圳）高铁，依托京九高铁经济带，打造江西融入粤港澳大湾区的主通道。推进瑞（金）梅（州）铁路建设，打通与汕头的出海通道。支持赣（州）韶（关）铁路扩能工程纳入国家铁路"十四五"发展规划，推动赣（州）广（州）高铁规划研究。2020年开工建设寻乌至龙川（江西段）、遂川至大余、信丰至南雄等高速公路。规划建设寻全高速西延、河惠汕高速北延、龙河联络线扩容或改线、定南联络线西延，增强赣州市与粤港澳大湾区的联系通道。同时，加大赣州与广东相连的国省道的升级改造力度，在行政等级和技术等级上相互对应，积极创建全国"四好农村路"示范市。

（二）打通赣粤运河，实现赣江与珠江水运的联通

推进赣粤运河规划建设，与广东省共同推进赣粤运河纳入国家水运网络中长期规划，并适时启动建设。近期加快推进建设赣州港（水运）综合枢纽，打造赣南水路货运重要节点和江西省区域性重要港口。

（三）建设区域性航空机场枢纽，培育发展和开通更多国内、国际航线

推动赣州黄金机场三期列入国家"十四五"民用机场建设规划，加快启动机场三期改建。优化航空网络，适时加密航线和航点，积极与有合作意向的粤港澳大湾区航空枢纽基地公司开展深度合作，2025年前争取5架以上飞机在赣州机场夜间驻场，并设立基地公司，稳定航线运营。开展联程联运，借助广州、深圳机场丰富的国际航线网络，与各航司开展密切合作，开发跨国家、跨区域、跨航司的联程联运产品。

（四）加快综合货运枢纽和物流园区建设，完善枢纽集疏运体系

以赣州国际陆港为重点，引进一批国内、国际知名物流企业落户赣州，打造

赣粤边际区域物流中心和集散地。建设远程货站，推动赣州机场与深圳宝安国际机场、广州白云国际机场、珠海金湾机场建立紧密合作关系，争取深圳宝安国际机场、广州白云国际机场在赣州设立远程国际货站，珠海金湾机场在赣州设立远程国内货站，推动赣州优势工农业产品特别是跨境电商产品快捷转运，重点打造赣州—深圳—欧洲、赣州—广州—北美精品货运快线。建设货运设施，积极引进珠海航空城（机场）集团、深圳机场集团等专业航空企业单独或合作开发建设赣州机场国际国内货站，建设航空物流配套设施，参与赣州航空物流产业开发运营。建设运营中心，积极引进顺丰科技、京东物流、跨越速运、东航物流等国内大型专业航空物流公司在赣州设立航空物流枢纽基地或企业货站，建设区域性运营中心，发展货运包机，开通全货机航线。建设物流园区，积极引进珠海航空城（机场）集团、广州薛航、鑫马物流、千优航空等粤港澳大湾区航空物流公司，推进赣州航空物流产业园或航空小镇建设，发展飞机维修、保税加工、冷链食品等临港产业，建设空港产业带。创新组织形式，积极创新航空物流发展新模式，大力发展卡车航班、多式联运，推动赣州黄金机场与赣州国际陆港、赣州综合保税区、赣州高铁站等无缝对接，推动赣州航空物流产业多流合一、融合发展、一体推进，打造区域性航空物流发展高地和对外开放平台。

（五）加快构建智慧交通信息建设

促进人流、物流、信息流有效整合，实现交通运输事业高质量发展。着重以打造对接粤港澳大湾区桥头堡、省域副中心城市、革命老区交通运输高质量发展先行示范区、全国商贸物流节点城市为立足点，重点加强智慧交通建设。

二、加快推进面向粤港澳大湾区的优质农产品供应基地建设

赣州将进一步依托粤港澳大湾区"菜篮子"平台，持续加强与粤港澳大湾区地区农业的交流合作，建立长期稳定的合作共赢关系。

（一）建立粤港澳大湾区"菜篮子"直供基地

充分利用赣州的富硒土壤资源，瞄准粤港澳大湾区市场消费需求，申报认定一批粤港澳大湾区富硒"菜篮子"产品基地。组织一批"菜篮子"产品尤其是富硒农产品，到广州、深圳等粤港澳大湾区城市开展展销和品牌宣传推广活动，持续扩大赣州农产品在粤港澳大湾区市场的影响力和占有率。创新发展模式，引进粤港澳大湾区农业龙头企业在赣州市建立一批大湾区"菜篮子"产品直供基地，发展订单农业。

（二）建立粤港澳大湾区"菜篮子"产品深加工基地

赴粤港澳大湾区开展上门招商，引进粤港澳大湾区大型农业企业提供技术、资金，在赣州市投资建设"菜篮子"产品深加工基地，补齐赣州市农产品精深加工短板。

（三）建立粤港澳大湾区"菜篮子"产品冷链物流配送基地

加快粤港澳大湾区"菜篮子"产品赣州配送分中心项目建设，建成辐射带动全市及周边省市优质农产品直供粤港澳大湾区市场的配送中心。出台了加快赣州市农产品冷链仓储发展的若干措施，加快赣州"菜篮子"产品冷链仓储发展，保障"菜篮子"产品有效直供大湾区市场。

（四）加快推进富硒质量监督检验中心建设发展

积极争取江西省相关部门对赣州市富硒质量监督检验中心建设和富硒产业发展提供支持，以便富硒质量监督检验中心能尽快有效测定富硒产品中的总硒含量、检测硒的形态，提供全面富硒产品的检测和技术服务，满足赣州市富硒产品的检验需求，结束赣州市部分富硒农产品到外地送检的历史，帮助企业节省时间、节约成本。富硒质量监督检验中心建成后将逐步开展创新活动，制修订技术标准，开展技术交流培训，与企业协作研究开展新产品试制、实验验证等工作，成为支撑赣州市富硒产业发展强有力的检验检测公共技术服务平台。

三、推进粤港澳大湾区产业承接转移创新示范区建设

（一）打造粤港澳大湾区产业配套延伸带

围绕"两城两谷两带"主导产业，瞄准粤港澳大湾区新兴产业、先进制造业，全力打造粤港澳大湾区高端产业协作基地。通过"大湾区总部+赣州基地"等建设形式，与粤港澳大湾区实现同一产业链、不同价值链的分工，建成粤港澳大湾区产业配套延伸带，推动形成优势互补的区域产业分工和差异化特色发展的产业合作新格局。

（二）推动有色金属产业材料基地建设

聚焦粤港澳大湾区广州—佛山、香港—深圳、澳门—珠海三大发展极，加快赣州"中国稀金谷"与粤港澳大湾区新材料等产业联动发展，培育全国重要的有色金属产业材料基地。

（三）打造承接粤港澳大湾区产业转移示范区

依托赣粤电子信息产业带集群基础，加快建设赣粤合作产业园、赣澳合作产业园，加快赣南国家级承接产业转移示范区和"三南"国家级承接加工贸易转

移示范地建设。

（四）创新产业合作模式

支持赣州与粤港澳大湾区合作发展"飞地经济"，鼓励各县区开发区围绕本地区优势主导产业和新兴产业，主动与粤港澳大湾区重点城市、重点园区、重点产业对接合作，引进大湾区的先进管理模式，共建"飞地园区"。建立和完善"飞地经济"产业合作区税收征管和利益分配机制，将赣州打造成革命老区与粤港澳大湾区产业合作的样板区。

四、打造粤港澳大湾区数字经济协同创新基地

（一）加快数字经济对接和融入

借助粤港澳大湾区在通信设备、智能制造、软件、超高清视频等领域产品技术及规模全国领先等产业优势，加强赣州与粤港澳大湾区在电子信息制造业、软件和信息服务业等新经济领域的合作。借助港澳地区在集成电路设计、人工智能等新兴产业领域国际领先的研发成果，探索合作建立科研成果转化后方配套生产基地。盯紧粤港澳大湾区互联网、大数据、云计算和数字内容产业，引进腾讯、网易、华为等国内知名企业入赣设立分公司。

（二）加强数字技术与数字人才交流合作

面向粤港澳大湾区大力引进区块链底层技术、场景应用领域的领军人才，研究制定区块链产业发展专项政策，强化与大湾区领军企业、科研机构在区块链基础研究领域的合作研发，推动区块链核心技术突破和产业高质量发展。积极推动赣州数字经济产业和广州人工智能与数字经济试验区、香港科技园、香港应用科技研究院、香港数码港以及澳门大学智慧城市物联网国家重点实验室深度合作。加强与港澳优质高校和顶尖科研团队的技术交流，开展人工智能与数字经济领域的科研及成果转化运用，探索与粤港澳大湾区联合筹办国际交流合作活动，展示数字经济创新产品，交流数字经济前沿技术，研究数字经济企业跨境合作新模式。

五、加快建设赣州对接大湾区现代服务业集聚区

借鉴香港、澳门、深圳举办国际会展的经验，在赣州举办国内大型商品博览会、文化艺术节、产业博览会等大型国际展览会、节庆活动。允许具有港澳执业资格的金融、建筑、规划、专利代理等服务领域的专业人才备案后为本地企业提供专业服务。在现代物流、电子商务、大健康旅游、高档酒店等领域争取吸引更多港资澳资。吸引粤港澳大湾区金融机构来赣设立分银行、证券、保险、金融租赁、消费金融等法人或分支机构，培育新型金融服务业态。深化与香港证券交易所、深圳证券交易所等合作，加快建设多层次资本市场，推动更多赣企赴深赴港上市。

六、加快构建面向粤港澳大湾区的生态康养旅游后花园

（一）打造粤港澳大湾区旅游度假首选地

建设粤港澳大湾区优质生活圈后花园，聚焦粤港澳大湾区文化旅游产业知名企业、大集团，深化对接合作，鼓励本土文旅企业创新营销渠道，积极与粤港澳大湾区对接互动。瞄准广州、深圳、香港等重点客源地城市，打造精品旅游路线，争取开通连接粤港澳大湾区的赣粤高铁旅游专列。积极探索"引客入赣"项目运作新模式，依托"初心路""客家情""阳明游"等精品旅游线路，加快推进江南宋城、红色故都等重点文旅项目建设，吸引更多的粤港澳大湾区游客走进赣州。

（二）打造生态健康养生胜地

依托赣州及周边地区的生态资源优势，主动对接粤港澳地区居民对休闲和养生等服务的需求，围绕生态健康旅游、生态健康休闲、生态健康养生，着力发展温泉养生康养、森林运动康养、中医药专业化康养、各类功能康养和休闲式康养等大健康产业，吸引粤港澳大湾区人流来赣休闲度假，提供专业化、现代化、网络化、智能化的健康养老服务，把赣州打造成粤港澳大湾区生态康养旅游后花园。

七、加快打造面向粤港澳大湾区的科技创新服务区

（一）做好科技创新对接工作的总体布局

充分利用粤港澳大湾区国际科技创新中心的溢出和辐射效应，制定赣州市对接粤港澳大湾区科技创新行动计划及相关政策，加快推动"赣粤科技合作示范区"创建工作，推动落实将赣州纳入"广州—深圳—香港—澳门"科技创新走廊重要节点城市。

（二）争取粤港澳大湾区科研院所、高等院校和龙头企业在赣州设立技术成果转移分中心等分支机构

推动岭南现代农业科学与技术广东省实验室与赣南师范大学、赣南科学院，化学与精细化工广东省实验室与赣南师范大学，广东粤港澳大湾区硬科技创新研究院与江西理工大学，再生医学与健康广东省实验室（简称生物岛实验室）与

青峰药谷、赣南医学院，人工智能与数字经济广东省实验室与蓉江新区围绕赣州特色产业开展项目合作。

（三）探索在粤港澳大湾区建设"科技飞地"

服务赣州行业龙头骨干企业、科技创新企业在"科技飞地"建设研发中心、孵化中心；吸引粤港澳大湾区科研院所、高等院校和龙头企业在"科技飞地"设立技术研发分中心；围绕赣州发展需求建设资源共享、研发集聚、产业培育、合作交流的平台，破解赣州企业在转型升级中遭遇的人才、技术短缺等困难，构建企业研发在粤港澳大湾区、生产在赣州的运营模式。

（四）加强与粤港澳大湾区科技科研管理人才交流培养

争取广东省科技厅安排科技管理业务骨干到赣州市科技局挂职，推动赣粤科技合作，分享先进科技管理理念、模式、信息、资源；赣州市科技局后备干部到广东省科技厅跟班学习，提升科技管理业务能力和水平；促进两地高校、科研院所、企事业单位科研人员的交流与培训，重点支持赣州青年科研人员到广东相关高校院所开展中长期学术交流与课题研究，赣州企业研发骨干赴广东同行业龙头企业开展短期工作和规范化科研管理培训。

（五）积极融入粤港澳大湾区创新生态

积极组织企业参加粤港澳大湾区主办、承办的大型科技创新活动，参加中国国际高新技术成果交易会、中国进出口商品交易会、中国进出口商品交易会创新创业大赛、国际人才交流大会、惠州创新科技成果交流会等粤港澳大湾区重大展会论坛活动及高端培训会议。

八、加快构建粤港澳大湾区内陆双向开放市场腹地

（一）构建与粤港澳大湾区互联互通相匹配的制度体系

接轨国际化营商环境，借鉴广东、海南等地自贸区发展经验，加快推进 CE-PA（内地与港澳关于建立更紧密经贸关系的安排）的先行先试，尽快探索在"一国两制"框架下江西省与粤港澳大湾区共同配置资源，构建市场法治体系、高标准投资贸易规则体系、与国际规则接轨的市场秩序，与粤港澳大湾区试行认证及相关检测业务互认制度，建立健全与粤港澳大湾区相配套的市场评价体系、纳税环境。

（二）打造综合成本适宜的产业服务示范环境

完善对外资实行准入前国民待遇加负面清单管理模式，全面放宽准入限制，优化调整投资审批制度、贸易通关流程和监管报备方式，实现电子化、高效化、

透明化以及一站式流程管理，营造综合成本适宜的产业服务示范环境。

（三）打造内陆双向开放平台

借助赣州获批全国跨境电商综合试验区，建设跨境电商产业园，搭建跨境电商公共服务平台，建立跨境电商产业链促进机制和线上线下融合机制，加快推动国际贸易自由化、便利化和业态创新，将赣州打造成中部地区跨境电子商务发展高地和亚太地区跨境电子商务重要城市。依托中欧班列探索发展"空铁联运"的新模式，培育发展一批"海外仓"，打通粤赣交通对接通道，发挥赣州国际陆港平台作用，把赣州打造成承接粤港澳大湾区大物流的集散地、大产业的集聚区、大商贸活动的集聚地，带动本地产业转型升级。

（四）推动口岸互通

积极推动赣州国际陆港与深圳盐田港、广州港逐步共建组合港，实现两地海关信息共享、查验结果互认，最终实现同港同价同效率目标。充分利用赣州国际陆港指定口岸优势，在进境粮谷、进口肉类、汽车整车方面不断深化与广东港口的交流合作，开展特殊货物的转关合作，进一步发挥广东港口的平台作用，引进临港经济与赣州国际陆港的合作，发展赣粤合作样板。

九、加快建成融合粤港澳大湾区的高质量人民生活共享试验区

（一）加快健康医疗卫生事业深入对接

引导各级各类医疗机构通过各种途径加强与粤港澳大湾区一流医院的对接，特别是加大专科医院的对接力度，争取更多的优质医疗资源对口帮扶赣州市医疗机构。加强与已建立协作关系的医疗机构的沟通对接，针对性地提出帮扶需求，加深现有合作层次，建立更加紧密、有效的合作方式。在广东省人民医院对口帮扶赣州市立医院的基础上，推进粤港澳大湾区更多优质医疗资源对口帮扶赣州市医疗机构。加快远程医疗协作建设，推进各医疗机构加快与粤港澳大湾区医疗机构建立远程协作关系，深化远程医疗服务内涵，推动远程医疗服务与教育培训相结合，充分发挥远程医疗服务作用，推动优质医疗资源下沉，让群众在家门口能得到沿海城市一流专家的诊治服务。

（二）加快教育事业深入对接

积极引进粤港澳大湾区教育集团到赣州设立分校、开展合作办学，加强双方学校、教科研部门交流合作，在中小学各学科课程建设、学校管理和教科研等方面展开深入交流与合作，大力引进粤港澳大湾区高层次、国际化人才参与赣州市教育事业发展。继续深化粤港澳大湾区教育部门和优质院校到赣州开展结对帮扶

和合作办学，鼓励吸引粤港澳大湾区中小学生到赣州进行红色教育活动，加快建成港澳青少年内地游学基地和中小学生研学实践教育基地。

（三）加快生态事业共建共享

联合推进重点生态项目建设，共同探索生态补偿机制，全力打造山水林田湖草生命共同体示范区。针对特定区域内特定问题（如空气质量控制、垃圾分类管理等），探索设立专门处理区域公共问题的联合机构。积极推动赣州与粤港澳大湾区共建绿色生态走廊，联合开展东江源公益环保行动，携手打造跨区域生态保护合作示范样板。

参考文献

［1］王泽明，边俊杰．以工业产业对接承接为突破口，将赣州打造成为融入粤港澳大湾区协同发展的重要城市——江西省赣州市抢先主动融入粤港澳大湾区路径探析［J］．经济师，2019（9）：168-170．

［2］杨鑫，黄仕佼，沈娟．赣州一体化发展康养产业大有可为［N］．江西日报，2020-09-03（011）．

［3］刘晓莲，孟新新．赣州与粤港澳大湾区产业结构相似性与互补性分析［J］．时代金融，2020（35）：135-137．

［4］彭继增，王幼娟，李爽．赣州对接融入粤港澳大湾区的可行性研究——基于承接产业转移的视角［J］．金融与经济，2020（5）：89-96．

［5］刘旭东，马晓敏．拓展思路立潮头　锻造作风勇争先［N］．赣南日报，2020-11-01（003）．

［6］江西省人民政府印发关于支持赣州打造对接融入粤港澳大湾区桥头堡若干政策措施的通知［J］．江西省人民政府公报，2020（12）：15-22．

［7］梅元生，刘光磊．加快融入粤港澳大湾区［N］．赣南日报，2019-12-08（003）．

［8］中共政协赣州市委员会党组．强化支持　大胆先试［N］．赣南日报，2020-12-06（003）．

［9］曾光．国家内陆开放型经济试验区建设的重点路径研究——以"十四五"时期江西对接长三角、粤港澳大湾区为例［J］．老区建设，2020（22）：3-13．

第十三章　新时代赣南老区推进高质量发展的举措

　　党的十九届五中全会提出，我国已转向高质量发展阶段，"十四五"时期经济社会发展要以推动高质量发展为主题。赣南是原中央苏区的主体和核心区域，被誉为"红都圣地"，革命先辈们在这片红色土地上进行了治国安邦的伟大实践，赣南等原中央苏区振兴发展更是迈出了坚实步伐，探寻经济高质量发展的有效路径，是赣南老区面临的重大挑战与机遇。2021年3月，时任江西省委书记的刘奇指出，《国务院关于支持赣南等原中央苏区振兴发展的若干意见》确定的主要目标任务全面完成，赣南等原中央苏区实现了区域性整体脱贫，长期困扰赣南老区人民的住房难、喝水难、用电难、行路难、上学难、看病难等问题得到较好解决，综合实力大幅提升，基础设施全面改善，城乡面貌焕然一新。赣南等原中央苏区振兴发展取得历史性成绩，迈入了高质量跨越式发展的新阶段。

　　为了精准对标党中央、国务院要求，以推动革命老区高质量跨越式发展，2021年4月21日，江西省委、省政府紧密结合江西革命老区实际，出台《关于新时代进一步推动江西革命老区振兴发展的实施意见》（以下简称《实施意见》），这是江西省委、省政府坚决贯彻落实党中央、国务院重大决策部署的重要举措，也是新时代推动江西革命老区开启社会主义现代化建设新征程的重要安排。《实施意见》聚焦实施乡村振兴战略，巩固拓展脱贫攻坚成果，提升革命老区整体发展水平，加大以工代赈支持力度，推动特色产业持续发展，促进脱贫人口稳定就业，改善脱贫地区发展条件。江西省将把贯彻落实《实施意见》作为当前和今后一项极为重要的任务，加强与各地各部门协作配合，确保各项工作落到实处、取得实效。

　　赣南老区各市县要坚持以习近平新时代中国特色社会主义思想为指导，坚决贯彻落实习近平总书记视察江西重要讲话精神，抢抓发展机遇，积极主动作为，认真落实党中央、国务院关于新时代支持革命老区振兴发展的战略部署，立足新发展阶段，贯彻新发展理念，构建新发展格局，推动高质量发展，全面完成《实施意见》涉及江西省的目标任务，激发赣南等原中央苏区内生发展动力，让革命老区人民过上更加富裕幸福的生活，探索新时代推动革命老区高质量发展、逐步实现共同富裕的有效途径，全力以赴推动新时代赣南苏区振兴发展。

第一节　全面实施乡村振兴战略

一、巩固拓展脱贫攻坚成果

赣南老区始终把脱贫攻坚作为头等大事和第一民生工程，突出抓好产业就业扶贫，努力攻克深度贫困堡垒，确保全面小康路上一个都不少，江西革命老区特别是赣南等原中央苏区脱贫攻坚成果取得重大成效。2019 年 5 月 20 日，习近平总书记视察江西和赣州时，充分肯定了"赣南脱贫攻坚取得决定性胜利"，2012 年至 2019 年，赣州市累计减贫 192.06 万人，贫困发生率由 2011 年的 26.71%下降至 2019 年的 0.37%，明显低于 2%的中部地区控制线①。2020 年 4 月，在江西省贫困县脱贫退出新闻发布会上，江西省扶贫和移民办公室党组宣布，于都县等7 个县区符合国家贫困县退出标准，正式退出贫困县序列，赣南苏区 21 个贫困县全部摘帽，区域性整体贫困问题全面解决，历史性地消除了绝对贫困，革命老区贫困县整体脱贫摘帽，实现了区域性整体脱贫。

《实施意见》指出，要推动实现巩固拓展脱贫攻坚成果同乡村振兴有效衔接，完善防止返贫监测和帮扶机制，赣南老区应按照党中央设立 5 年过渡期和严格落实"四个不摘"的要求，一定时期内保持脱贫攻坚政策总体稳定，完善防止返贫监测和帮扶机制，巩固"两不愁三保障"等脱贫攻坚成果；做好易地扶贫搬迁后续帮扶工作，因地制宜推进产业发展，完善安置区公共服务设施，加大以工代赈支持力度；坚持扶志扶智相结合，加大对农村低收入群体就业技能培训和外出务工的扶持力度；完善城乡低保对象认定方法，适当提高低保标准，落实

---

① 赣南革命老区实现历史性整体脱贫［EB/OL］．人民网，https：//baijiahao.baidu.com/s?id＝1667071691761011913&wfr＝spider&for＝pc，2020-05-19.

符合条件的"三红"人员(在乡退伍红军老战士、在乡西路军红军老战士、红军失散人员)、烈士老年子女、年满60周岁农村籍退役士兵等人群的优抚待遇。

二、加快发展现代农业

作为"江西打造对接融入粤港澳大湾区的桥头堡、大湾区的后花园、大湾区优质农产品的供应基地"的赣州,自2019年5月赣州市农业农村局与广州市农业农村局签订共建粤港澳大湾区"菜篮子"合作协议以来,与粤港澳大湾区城市农业合作密切、成效良好。2020年,赣州市统筹推进疫情防控和农业农村发展,抓重点、补短板、强弱项,各项现代农业攻坚项目进展顺利。2020年市级共调度优势特色产业、农村人居环境整治、农田水利建设、农业农村改革等现代农业攻坚战重点攻坚项目54个,项目总投资478.09亿元[①],为全面推进新时代革命老区振兴发展,持续深化与粤港澳大湾区的合作交流,将进一步深化与粤港澳大湾区的农业产业合作。

《实施意见》指出,赣南老区要加快发展现代农业,加强赣抚平原、吉泰盆地等粮食生产功能区建设,支持农田水利和高标准农田建设,推进优质稻米、优质粮食、现代种业提升工程,稳步提升粮食生产能力;加强绿色食品、富硒食品、有机农产品、地理标志农产品认证和管理,推行食用农产品达标合格证制度,推动品种培优、品质提升、品牌打造和标准化生产;做大做强脐橙、蜜柚、油茶等特色农林产业,发展特色富民产业;打造一批现代农业产业园、农村产业融合发展园区、现代林业产业示范区,推动电商企业与革命老区共建农林全产业链加工、物流和交易平台,推动农村一、二、三产业深度融合、提质增效。

三、大力推进美丽乡村建设

赣南老区要大力推进美丽乡村建设,实施农村人居环境整治提升五年行动,坚定不移建设新时代"五美"乡村,努力在全面推进乡村振兴上走在前列;连线成片推进村庄(庭院)整治建设和美丽宜居试点,提高农房设计和建造水平,改善群众住房条件和居住环境;统筹城乡规划,加强乡村基础设施建设,以交通、能源、水利、信息网络等为重点,加快推进美丽生态宜居乡村建设,全面推进"四好农村路"建设,保障农村供水安全,优化农村用能结构,加快建设乡

---

① 六大攻坚战 | 沃野流金!赣州农业谱华章 [EB/OL].搜狐网,https://www.sohu.com/a/445636022_120053375,2021-01-20.

村物流体系，支持有条件的地区开展数字乡村试点，加快乡村绿化美化，打造美丽宜居乡村。

第二节　构建新发展格局

一、提升创新驱动能力

赣南老区的创新成果不断涌现，赣南老区中心城市赣州市不断创新体制机制，创新成果具有典型代表性，有力助推了革命老区高质量跨越式发展。2020年全国大众创业、万众创新活动周的江西主会场设在赣州南康，全市高新技术企业突破 1000 家，虔东稀土、孚能科技入选国家企业技术中心，20 项科研成果获江西省科技奖，建设区域性科研创新中心，形成以科技创新为引领的现代产业体系和发展模式①。同时赣南老区的新兴产业发展加快，赣州市的装备制造业、高技术制造业、战略性新兴产业增加值在江西省居于领先地位，数字经济加快发展，开通 5G 基站数量居江西省第二，赣南数据湖示范中心成为江西省最大的光磁一体化数据存储中心，全国首个可信互联城市级区块链综合服务平台"赣州链"也在赣州发布②。

《实施意见》指出，要以推动高质量发展为主题，就要坚持创新在我国现代化建设全局中的核心地位，把科技自立自强作为国家发展的战略支撑，赣南老区需要继续完善科技合作机制，促进与东部地区科技合作，争取与科研院所、高校开展合作，推动共建中国科学院赣江创新研究院、国家钨与稀土产业计量测试中心等创新平台，争取建设稀土绿色高效利用等重大创新平台，创建国家创新型城市和创新型县（市、区）试点；加大人才培养和引进力度，争取"双一流"建设高校、中国特色高水平高职学校与驻市高校、高职院校开展合作共建，完善人才政策和激励机制，让各类人才的创新创造活力充分涌流；建立科技特派员帮扶产业发展长效机制，纵深推进大众创业、万众创新，强化企业创新主体地位，鼓

① 赣州市人民政府 . 赣州奋力书写新时代革命老区高质量超越式发展的崭新篇章［EB/OL］. ht-tps：//www.ganzhou.gov.cn/gzszf/c100024/202106/54fa9ab68c8b40df8d542ec430f3b882.shtml，2021-06-04.

② 赣州：革命老区高质量发展步伐加快［EB/OL］. 搜狐网，https：//www.sohu.com/a/432631028_120207612，2020-11-17.

励企业加大研发投入；推动高科技技术发展，完善第五代移动通信（5G）网络、工业互联网、物联网等新一代信息基础设施，开展北斗系统应用，瞄准人工智能、深地深海、量子信息、生命健康、集成电路、空天科技等前沿领域和关键核心技术，整合优化科技资源，加强原创性引领性科技攻关。

二、三次产业提质升级

赣南老区现代服务业蓬勃发展，保持稳步持续发展的良好势头，已成为经济增长的新引擎。随着消费拉动经济作用明显增强、市民对消费品质的要求不断提升和服务业结构的不断优化，赣州基于现代市场发展需求，新兴消费快速兴起，到 2020 年，服务业增加值增速连续五年位居江西省第一，占 GDP 比重突破50%[①]，现代服务业发展进入"百花齐放"的好时代，现代金融、文化旅游、现代物流、电子商务、医疗保障等重点产业蓬勃发展，全国首个区块链金融产业沙盒园、首个区块链服务大厅在赣州建成，全国首个城市级区块链综合服务平台也在赣州启动，开拓出经济发展的新天地、新空间。赣州深入实施"主攻工业、三年再翻番"战略以来，全市工业总量快速壮大，产业结构明显优化，工业对经济发展的贡献提升，新经济新动能发展态势良好，工业发展取得了有目共睹的显著成效，"两城两谷两带"及首位产业集群建设可圈可点，实施重点产业链链长制，规模以上工业企业 2250 家，数量在江西省排第一[②]，全球 500 强企业格力电器落户赣州，永磁电机产业园开工建设，青峰百亿生产基地投产，于都被认定为国家纺织服装外贸转型升级基地，中电汽车整车下线，形成较为完整的工业体系，全力推动工业高质量发展。赣南老区农业保持平稳发展，形势较好，粮食生产喜获"十七连丰"，设施农业、规模农业迅速扩张，现代农业发展迅速，赣南脐橙品牌价值连续六年居全国水果类产品第一，赣南茶油连续三年登上中国地理标志产品区域品牌百强榜，全国蔬菜质量标准中心（赣州）分中心基本建成。

《实施意见》指出，赣南老区要"在加快革命老区高质量发展上作示范"。在服务业高质量发展方面，鼓励优先发展一些具有资源优势或地理位置优势的产业；在工业高质量发展方面，要推动产业提质增效，推进工业集约发展，优先支持生产效益和发展质量高的地区发展，打造一批千亿级龙头企业和产业集群；在

---

① 信丰县人民政府.2020 年赣州市服务业增加值增速保持全省第一［EB/OL］.http：//www.jxxf. gov.cn/xfxxxgk/tjjxxx/202103/7475abe67e7c449a86392ed58181093d.shtml，2021-03-18.

② 赣州地区生产总值增幅连续五年全省第一［EB/OL］.中国江西网，https：//baijiahao.baidu. com/s？id=1713547667320816202&wfr=spider&for=pc，2021-10-14.

乡村振兴高质量发展方面，要以产业兴旺为重点，建设现代农业强省，调整农业产业结构，推进现代农业的发展，大力培植农业龙头企业，着力提高农民生产的组织化、专业化、规模化水平。

三、培育壮大优势产业

赣南老区加快推动产业基础高级化、产业链现代化，提升新材料、新能源汽车、现代家居、电子信息、生物医药、纺织服装等特色优势产业层次和能级，支持符合有条件的地区建设承接产业转移示范区，推进"中国稀金谷"建设，争取国家中重稀土和钨资源收储政策支持。江西省实施数字经济"一号工程"，江西省第一个县级5G基站在信丰启动建设，江西省首个实现城区及工业园区5G网络全覆盖的县（市、区）是龙南，14个江西省首批"5G+工业互联网"应用示范企业中，赣州企业占5家，获评数量江西省第一。革命老区赣州积极抢占数字经济发展高地，数字经济成为赣州高质量跨越式发展的引擎，涌动着数字经济发展的热潮。规划建设稀土、铜、旅游等行业大数据中心，鼓励互联网企业在革命老区发展运营中心、呼叫中心等业务，实施"江西风景独好"旅游品牌提升计划，支持符合条件的地区创建国家AAAAA级旅游景区、国家旅游度假区、国家全域旅游示范区，打造一批乡村旅游重点村镇和精品线路。

《实施意见》聚焦增强内生发展动力，坚持创新引领，培育壮大优势产业，对接融入国家重大区域战略，加快建设国家制造业创新中心，大力推进有色金属、家具、纺织服装等产业转型升级，做强做大电子信息、新能源汽车、生物医药等新兴产业，加快培育5G、工业互联网、大数据、人工智能等数字经济，加快构建现代产业体系；大力实施领航企业培育行动、中小微企业梯次培育成长计划，着力打造一批百亿级龙头企业、一批专精特新和专业化小巨人企业；大力实施产业集群提能升级行动计划。

第三节　深化改革开放

一、对接国家重大战略

赣南老区紧紧围绕落实新发展理念、构建新发展格局、推动高质量发展等战略目标任务，积极对接融入国家重大区域战略，主动承接粤港澳大湾区产业转移，吸引先进生产要素加速向赣州集聚，推动赣南等原中央苏区深度参与粤港澳大湾区建设，支持赣州与粤港澳大湾区共建产业合作试验区，打造对接融入粤港澳大湾区桥头堡；同时进一步融入"一带一路"建设，全面对接长江三角洲区域一体化等国家重大战略，加强与"一带一路"沿线国家和地区贸易合作，以开放合作增强振兴发展活力。

《实施意见》指出，争取将支持赣南苏区振兴发展纳入国家重大区域战略和经济区、城市群、都市圈相关规划并放在突出重要位置，加强与中心城市、城市群合作，共同探索生态、交通、产业、园区等多领域合作机制；全力打造对接融入粤港澳大湾区桥头堡，推动广州、深圳等粤港澳大湾区城市与赣州市建立对口合作机制，争取共建赣粤产业合作试验区，争取粤港澳大湾区科研院所、高等院校、龙头企业在赣州设立技术转移中心分中心、国家重点实验室分支机构；争取赣州国际陆港设立正式口岸，创建国家中欧班列集结中心，打造多式联运品牌，实现汽车、木材、热食、肉类等多品种运营，加快赣州综合保税区建设，申报建设赣州国际陆港综合保税区；积极打造"一带一路"重要节点城市和战略枢纽，建设商贸服务型国家物流枢纽，加快推进国家跨境电子商务综合试验区，加强与"一带一路"国家和地区的贸易合作。

二、建设开放平台体系

赣南老区"放管服"改革成效显著，重点领域和关键环节改革走在江西省前列，打造对接融入粤港澳大湾区桥头堡上升为江西省战略，赣州国际陆港成为全国内陆第八个对外开放口岸、首个国检监管试验区、国家"一带一路"多式联运示范工程，赣州成为全国革命老区中唯一拥有铁路、公路、航空口岸的城市。2020年，赣州成功开通1210保税备货进口业务，赣州国际陆港跨境电商班列出口货物量突破70万票（件），对"一带一路"沿线61个国家和地区出口保持两位数增长[①]。

《实施意见》指出，赣南老区要积极推进更多创造性、引领性改革，全面推进内陆开放先行先试，积极复制推广改革试点经验，推动赣南等原中央苏区与湘赣边区域协同发展，推进赣州综合保税区整体置换至赣州国际陆港，争取设立吉

---

① 赣州加快革命老区高质量发展成效显著［EB/OL］．客家新闻网，http：//www.gndaily.com/yw/system/2020/11/16/030242165.shtml，2020-11-16.

安跨境电商综合试验区，推动赣州国际陆港、综合保税区、航空口岸、陆路口岸等联动发展，推进跨境电子商务综合试验区建设，加强服务贸易国际合作，加快探索建设自由贸易港，打造开放层次更高、营商环境更优、辐射作用更强的开放新高地；加快创新驱动，培育贸易竞争新优势，构建开放、协同、高效的共性技术研发平台，培育一批产业优势明显、创新驱动突出、公共服务体系完善的基地，推动互联网、物联网、大数据、人工智能、区块链与贸易有机融合，充分利用多双边合作机制，加强技术交流与合作，积极融入全球创新网络。

三、培育区域中心城市

增强中心城市辐射能力，以点带面，实现全面发展，革命老区有些地级市的地理位置占据一定优势，如赣州市致力于打造成为江西省省域副中心城市、赣粤闽湘四省通衢的区域性现代化城市。赣州市按照"精心规划、精致建设、精细管理、精美呈现"的要求，持续推动城市功能与品质提升，提高城市精细化、智能化管理水平，加快推动中心城区的一体化发展，提升重点产业发展规模和层次，优化产业结构，吸引劳动力，提高工业效率，努力做大做强中心城区，高质量高标准建设省域副中心城市，从而打造区域性中心，成为当地区域经济开放的领头羊，促进经济发展水平的提高，打造城市群，通过中心城市经济的带动，实现赣南老区的高质量发展。

《实施意见》指出，要加快国家区域中心城市建设，建设区域性教育中心、科研创新中心、金融中心、商贸物流中心、文化旅游中心、医疗养老中心，打造国家区域中心城市和全国性综合交通枢纽，支持赣州、吉安、抚州等革命老区重点城市提升功能品质、承接产业转移；支持赣州建设省域副中心城市，建设区域性中心城市和综合交通枢纽城市；支持赣州建设革命老区高质量发展示范区；支持吉泰走廊一体化高质量发展；加快推进以人为核心的新型城镇化，支持革命老区县城建设和县域经济发展，促进环境卫生设施、市政公用设施、公共服务设施、产业配套设施提质增效，加强建设一批产业转型升级示范园区，增强内生发展动力和服务农业农村能力；健全城乡融合发展体制机制，巩固拓展经济发达镇行政管理体制改革成果；加快打造智慧城市，提升城市管理和社会治理的数字化、智能化、精准化水平。

第四节 增进人民福祉

一、完善基础设施网络

目前，赣南老区的基础设施实现了历史性跨越，赣州作为全国性综合交通枢纽和省域副中心城市地位日益凸显。赣南老区大力建设赣深、兴泉、长赣、瑞梅、吉武温等铁路项目，推进昌厦（福）、景鹰瑞、咸修吉、赣郴永兴、赣韶扩能等铁路项目前期工作，规划研究赣广、赣龙厦、吉武温西延至井冈山等铁路项目，规划建设相关区域连接线，加大普速货运铁路路网投资建设和改造升级力度，为今后"老区"牵手"特区"奠定了基础，赣南老区跨入高铁时代；同时赣州黄金机场首条国际航线成功开通，江西省第八个民用机场花落瑞金并开工建设，赣州迈入拥有两大民航机场新时代。江西省大力支持革命老区高速公路规划建设，建设寻乌至龙川、信丰至南雄、南昌至南丰、兴国至遂川至桂东、开化至德兴、上栗至醴陵等出省高速公路，加密高速公路网，优化高速公路出入口布局，便捷连接重点城镇和重点红色文化纪念地，加快国省道干线改造；建设赣州港、井冈山航电枢纽等综合水运项目，加快赣江、信江三级航道整治，实施袁河航道提升工程，加快赣粤运河前期研究。全国性综合交通枢纽和省域副中心城市地位日益凸显，随着交通基础设施的完善，革命老区融入城市群发展大有潜力。

《实施意见》聚焦夯实高质量发展基础，推进实施一批重大交通、能源、水利项目，力争到 2025 年底，江西省革命老区实现 80% 以上的县通双高速，并优化广覆盖的农村交通基础网，逐步提高乡镇 30 分钟内上高速覆盖率；江西省革命老区普通国道省道路况水平进入全国前列，路网通行效率和服务能力得到进一步提升；江西省革命老区内河高等级航道达 1200 千米，内河水运进入全国前列。同时，充分发挥综合枢纽聚集效应，打造赣州全国性综合枢纽，加快推进吉安、抚州等区域性综合枢纽以及一批县级综合枢纽建设，增强中心城市聚集辐射力。

二、提升公共服务质量

赣南老区坚持每年办好一批民生实事，民生实事加快推进，基本公共服务均等化水平不断提升，各项社会事业取得长足进步。教育、社会保障和就业、医疗卫生支出稳步增长，城镇新增就业人数稳定上升，城镇登记失业率总体上低于全国全省平均水平，居民消费价格（CPI）涨幅总体平稳，总体上实现了经济更加发展、民主更加健全、科教更加进步、文化更加繁荣、社会更加和谐、人民生活更加殷实的全面小康目标。赣州市民生类支出占财政总支出比重2012~2015年连续四年超过55%，覆盖城乡的社会保障体系和基层医疗卫生服务体系基本建成。赣州市连续五届获"全国社会管理综合治理工作优秀市"，被授予第三届综治"长安杯"和江西省首届综治"平安杯"，公众安全感指数保持江西省前列。

《实施意见》指出要依据国家基本公共服务标准，建立健全本地基本公共服务标准，保障群众基本生活。教育方面要完善中小学和幼儿园布局，加大教师培训力度，继续争取相关专项招生计划倾斜，推进高职学校、技工院校建设，推动实施省部共建职业教育试点项目；赣南老区历来高度重视卫生与健康工作，经济保持中高速增长将为维护人民健康提供坚实保障，应持续推动公共卫生防控救治能力建设，争取国家、省在市县级综合医院、传染病医院（传染科）和卫生应急监测预警体系建设上加大对赣南老区的支持力度，实施中医临床优势培育工程和中医康复服务能力提升工程，建设中医优势专科；推动养老事业和养老产业协同发展，提升公共文化和公共体育设施建设运营水平，推进城乡公共文化服务体系一体建设，优化广播电视公共服务供给和基层公共文化服务网络，建设一批全民健身场地、体育公园，积极争取承办全国性、区域性文化交流活动和体育赛事。

第五节　传承红色基因

一、弘扬传承红色文化

《实施意见》指山要充分发挥红色资源优势，加快建设红色基因传承创新示范区，深入挖掘利用丰富的红色资源优势，扎实开展党史学习教育，大力弘扬苏区精神，大力推进红色基因传承，把红色资源作为坚定理想信念、加强党性修养的生动教材，围绕苏区革命历史创作一批文艺作品，把江西红色经典、革命故事纳入中小学地方教材，对干部加强党史、新中国史、改革开放史、社会主义发展史教育，开展理想信念和党性教育；加大对瑞金中央苏区旧址等革命历史类纪念设施、遗址和英雄烈士纪念设施的保护修缮力度，加大对现存革命文物的保护修复和纪念设施的保护修缮；加快推进长征国家文化公园江西段建设，实施于都长征集结出发地核心展示园、瑞金云石山中央首脑机关长征出发地核心展示园等一批标志性工程；公布革命文物名录，实施革命文物保护利用工程，推进连片保护与整体展示，支持革命历史类纪念设施、遗址申报全国爱国主义教育示范基地，全国重点文物保护单位，国家级英雄烈士纪念设施和国家级抗战纪念设施、遗址。

二、利用特色旅游资源

赣南苏区是中华人民共和国的摇篮和苏区精神的主要发源地，中华苏维埃共和国临时中央政府在赣州瑞金诞生，举世闻名的红军长征也是从赣州于都出发，同时赣州是客家文化的摇篮，具有丰富的文化旅游资源。据统计，仅散布在赣南保存完好的革命旧址（群）、纪念建筑物等物质类红色文化资源就有 267 处。赣南凭借丰富的红色旅游资源，名列全国 12 个"重点红色旅游区"、30 条"红色旅游精品线路"、100 个"红色旅游经典景区"之中。赣南丰富的红色文化资源，广泛分布于瑞金、于都、会昌、寻乌、安远、石城、宁都、兴国、大余、信丰10 个县（市）。

赣南老区拥有独特的红色旅游资源，随着基础设施的基本改善，革命老区迎来了特色旅游业繁华的良机，赣南要充分利用红色资源优势，结合数字化发展趋势，构建区域竞争优势，抓住机遇充分挖掘市场潜力和需求，深入挖掘赣南苏区在中国近代革命史中的地位与作用；将宣传进行到位，充分挖掘瑞金、兴国和于都的重点资源、项目和区位优势，突出赣州"红色之都、将军故里、长征始站"的中心地位，使其成为特色鲜明、形象突出、吸引力强、影响力强的红色旅游胜地，推进红色旅游的高质量发展。

第六节　提升绿色生态优势

一、提升生态环境质量

要推动高质量发展，就要深入实施可持续发展战略，赣南老区始终坚持整体规划，注重保护与修复的系统性，推动"单一治理"向"全局治理"转变，建设人与自然和谐共生的现代化。为打好污染防治攻坚战，深入推进蓝天、碧水、净土保卫战，赣南老区制订了 2030 年前碳排放达峰行动方案，争取 2060 年前实现碳中和，实施以碳强度控制为主、碳排放总量控制为辅的制度。

《实施意见》指出要着力提升生态环境质量，实施深入打好污染防治攻坚战行动，巩固提升江西革命老区环境质量，强调赣南老区要加快实施山水林田湖草一体化保护和修复行动，打造山水林田湖草生命共同体，加强赣江、东江、抚河、信江等重要江河源头和重点流域生态环境保护与治理，继续实施国家水土保持重点工程，支持赣南等原中央苏区建设南方地区重要生态安全屏障，健全东江、渌水等流域上下游横向生态保护补偿长效机制；实施国土绿化、森林质量提升、生物多样性保护工程，加快拓展"两山"转化通道，大力推进产业生态化、生态产业化，健全完善生态文明制度，推动国家生态文明试验区建设取得新成效。

二、促进绿色转型发展

"绿水青山就是金山银山"理念已成为全社会的共识和行动，要推动高质量发展，就要深入实施可持续发展战略，促进经济社会发展全面绿色转型。革命老区中许多县市处于生态优质区，并拥有丰富的生态资源，赣南老区要牢固树立"绿水青山就是金山银山"的发展理念，坚持生态优先、绿色发展，紧紧抓住赣南等原中央苏区振兴发展和生态环境部对口支援历史机遇，努力探索"两山"转化新路径，学好"两山"论，走好"两化"路，依托自身生态优势，打响绿色品牌，实现生态价值，在现代农业蓬勃发展的进程中，始终将"生态+"理念融入其中，大力发展生态农业、富硒绿色有机农业、循环经济、林下经济等生态经济，通过发展绿色产业带动百姓致富，让绿色成为生态家园的美丽风景线。

《实施意见》聚焦筑牢绿色生态屏障，促进绿色转型发展要求，实施碳排放达峰行动，加快推动江西革命老区绿色低碳发展，未来将统筹推进革命老区山水林田湖草一体化保护和修复，建立健全流域上下游横向生态保护补偿机制；鼓励资源就地转化和综合利用，加快绿色产业发展，实施生态保护修复"绿盾"行动，争取开展促进生态保护修复的产权激励机制试点，加快能源资源产业绿色发展，延伸拓展产业链，推动资源就地转化和综合利用，推进资源开发和地方经济协同发展；推动绿色矿山建设，加强历史遗留矿山生态修复，开展尾矿库综合治理，推进采煤沉陷区综合治理，推动将部分厂矿旧址、遗址列为工业遗产，着力把赣南老区生态要素向生产要素转变、生态资源向生态资产转变、生态价值向经济价值转变。

第七节 健全政策体系和长效机制

一、完善政策保障体系

赣南老区在中国革命史上有着特殊的地位，革命老区由于历史原因，加之特殊的地理位置，发展较为滞后，很多地区仍然处于落后的状态。改革开放以来，国家为革命老区提供了许多战略支持，进入新时期之后，国务院出台《关于新时代支持革命老区振兴发展的意见》，这是党和国家支持革命老区振兴发展的又一重大举措，由此可以看出，我国政府把革命老区的振兴和高质量发展作为工作重点。在胜利完成脱贫攻坚任务后，有必要继续研究实施新的支持政策，开启社会主义现代化建设新征程，"十四五"时期是我国经济转向高质量发展的阶段，革命老区的建设也要向高质量发展转变。

《实施意见》聚焦解决全国革命老区高质量发展面临的共性问题，提出了目标任务和支持政策，特别是"十四五"规划纲要将革命老区放在了支持特殊类型地区发展的重要位置，将有力支持革命老区发挥比较优势，健全长效普惠性的扶持机制和精准有效的差别化支持政策，激发振兴发展内生动力。《实施意见》指出要组织实施对口支援，对接落实好新一轮中央国家机关及有关单位对口支援赣南等原中央苏区政策，积极争取国家在研究制定支持革命老区巩固拓展脱贫攻坚成果、基础设施建设、生态环境保护修复、红色旅游等专项实施方案或配套政策时，在国土空间规划、区域规划和交通、能源、水利等专项规划编制实施过程中统筹支持赣南老区；加大财政金融支持力度，争取中央财政在安排转移支付、省财政在安排地方政府专项债券时对赣南老区予以倾斜支持，争取国家产业转型升级平台建设专项资金支持；优化土地资源配置，对列入国家有关规划和政策文件的建设项目，推动纳入国家重大建设项目范围并按规定加大用地保障力度，积极探索革命老区乡村产业发展用地政策。

二、落实组织具体工作

国家为革命老区提供了许多战略支持，赣南老区需要落实好这些重大政策和项目，要坚持以习近平新时代中国特色社会主义思想为指导，充分发挥党总揽全局、协调各方的领导核心作用，把党的领导始终贯穿赣南苏区振兴发展全过程和各领域各方面各环节，坚决贯彻习近平总书记视察江西重要讲话精神，聚焦"作示范、勇争先"的目标定位和"五个推进"的重要要求，立足新发展阶段、贯彻新发展理念、构建新发展格局、推动高质量发展，全面完成《实施意见》涉及江西省的目标任务，让革命老区人民过上更加富裕幸福的生活。

《实施意见》指出赣南老区要健全工作机制，进一步完善支持革命老区振兴发展工作机制，健全"省负总责、市县抓落实"的工作体系和职责清晰、各负其责、合力攻坚的责任体系，推进涉及江西的重大政策、重大项目、重大事项逐项落地，相关地方和部门要将革命老区振兴发展列为重点工作，加强组织领导、完善工作机制，明确责任分工、制定具体举措，切实抓好落实，江西省发展和改革委员会要加强对革命老区振兴发展各项工作的协调，制定重点任务分工和年度工作要点，重大事项及时向省委、省政府报告；推行实施差别考核，健全差别化绩效评估体系，对革命老区重点城市和城市化地区侧重考核经济转型发展和常住人口基本公共服务等方面指标，对重点生态功能区和农产品主产区进一步强化生态服务功能和农产品供给能力相关指标考核，并在开展试点示范和安排中央补助时对革命老区予以倾斜支持；营造良好的氛围，大力宣传党中央、国务院对江西革命老区的关心支持，加强对《实施意见》出台背景、重大意义和有关情况的宣传解读，弘扬井冈山精神、苏区精神、长征精神，广泛凝聚正能量，表彰奖励正面典型，营造全社会支持参与革命老区振兴发展的良好氛围。

参考文献

［1］李志萌，张宜红．革命老区产业扶贫模式、存在问题及破解路径——以赣南老区为例［J］．江西社会科学，2016（7）：61-67.

［2］陈华平，钟茜妮．乡村振兴视阈下赣南老区农业农村现代化路径研究［J］．农业与技术，2021，41（20）：134-139.

［3］程晖．福建龙岩：革命老区插上数字化翅膀［N］．中国经济导报，2021-07-01（031）.

［4］王慧艳，李新运，徐银良．科技创新驱动我国经济高质量发展绩效评价及影响因素研究［J］．经济学家，2019（11）：64-74.

［5］舒畅．赣南革命老区产业扶贫的路径研究［J］．市场论坛，2018（12）：20-22.

［6］邓峰，谢苏立，蒋莉．粤港澳大湾区背景下湘粤赣边界生态旅游协调发展研究——基于博弈理论［J］．湖南科技学院学报，2019，40（8）：80-83.

［7］龙晓柏，蒋金法．"双循环"背景下内陆老区建设开放高地研究——以赣南苏区为例［J］．当代财经，2021（8）：16-27.

［8］严九发．探析革命老区实现乡村振兴的红色道路——以赣南为例［J］．山东农业工程学院学报，2020，37（11）：5-11.

［9］吴必虎，余青．红色旅游开发管理与营销［M］．北京：中国建筑工业出版社，2006.

［10］郭斓，敖美蓉．建党百年背景下红色旅游助力乡村振兴的机制研究——以赣南革命老区为例［J］．农村经济与科技，2021，32（13）：87-89.

［11］陈俊．生态文明框架下革命老区"红""绿"结合双轮驱动发展探讨——基于仁怀市长岗镇的调查［J］．辽宁行政学院学报，2016（9）：90-96.

［12］张明林，李华旭．国家优先支持政策促进绿色全要素生产率的效应评估——来自革命老区的经验证据［J］．财经研究，2021，47（10）：65-79.

［13］张明林，曾令铭．国家优先支持革命老区的政策效果及治理启示［J］．中国行政管理，2020（6）：92-96.